魏宪辉 ◎ 编写

课本中的

生物学家

KEBEN ZHONG DE SHENGWUXUEJIA

农村读物出版社
CHINA RURAL READING PRESS
中国农业出版社
北 京

知识的第一步，就是要了解事物本身。

——林奈

存活下来的物种，并不是最强的和最聪明的，而是最能适应变化的。

——达尔文

每一个生物科学问题的答案都必须在细胞中寻找。

——E.B.威尔逊

生物学家们必须时刻牢记他们所看到的并不是设计出来的，而是进化出来的。

——弗朗西斯·克里克

对于年轻学生而言，最重要的是要保持好奇心，如果你真的对一个问题的答案特别好奇，你才有持之以恒寻找答案的动力。

——保罗·纳斯

卡尔·冯·林奈（Carl von Linné，1707—1778），瑞典著名生物学家。开创生物学新的分类和命名系统。主要著作有《自然系统》《植物属》《植物种志》等。

查尔斯·罗伯特·达尔文（Charles Robert Darwin，1809—1882），英国生物学家，生物进化论的奠基人，开辟了生物学发展的新纪元。著有《物种起源》《动物和植物在家养下的变异》《人类的由来及性选择》《人和动物的表情》等。

埃德蒙·比彻·威尔逊（Edmund Beecher Wilson，1856—1939），美国动物学家、遗传学家。1907年发现B染色体。他的专著《细胞》（The Cell）一书是现代生物学上里程碑式的教科书之一。此外，还有《发育和遗传中的细胞》等著作。

弗朗西斯·克里克（Francis Harry Compton Crick，1916—2004），英国生物学家、遗传学家。因发现脱氧核糖核酸（DNA）的双螺旋结构、核酸的分子结构，获得1962年诺贝尔生理学或医学奖。

保罗·纳斯（Paul M. Nurse，1949年出生），英国细胞生物学家和生物化学家。英国皇家科学院院士，中国科学院外籍院士。因发现细胞周期的关键分子调节机制，获得2001年诺贝尔生理学或医学奖。

■ 前 言

生物学是研究生命现象和生命活动规律的科学，它从分子、细胞、个体和生态系统等不同层次研究生命现象的本质以及生物的起源进化、遗传变异、生长发育等生命活动规律。

农业科学、医药科学、环境科学及其他有关科学和技术的发展都依赖于生物学的研究，它是自然科学中的一门基础学科。生物学的研究经历了从现象到本质、从定性到定量的发展过程。

石器时代，人类还处于认识世界的初级阶段，原始人开始栽培植物、饲养动物，还有了原始的医术，这一切成为生物学发展的萌芽。

随着生产的发展，植物学、动物学和解剖学进入搜集事实的阶段，出现了原始的农业、牧业和医药业，人们开始有了生物知识的积累。古代生物学在欧洲以古希腊为中心。中国的古代生物学，更侧重于农学和医药学。贾思勰的《齐民要术》系统地总结了农牧业生产经验，沈括的《梦溪笔谈》记载了生物的形态、分布等相关资料。

工业革命开始后，生物学开始繁荣发展。胡克用改良的显微镜发现了细胞。达尔文经历五年的环球航行，创立了生物进化论。孟德尔进行多年植物杂交试验研究，提出了遗传因子的概念，阐明了生物遗传的基本规律，使生物学的研究逐渐转变为分析生命活动的基本规律。巴斯德和科赫等人奠定了微生物学的科学基础，并在工农业和医学上产生了巨大影响。J.P.弥勒、杜布瓦·雷蒙、谢切诺夫和巴甫洛夫等人推动了动物生理学的发展，尤利乌斯·冯·萨克斯、W.普费弗和季米里亚捷夫的努力，使植物生理学理论更加系统化。

20 世纪，生物学在理论和实践两个方面不断深入。随着科学技术的进一步发展，人们开始从分子水平研究生命形态。现代分子生物学在生物大分子的结构、功能和生物合成等方面阐明各种生命现象的本质。分子生物学在农业、医学、工业上的广泛应用，使人们可以生产出许多用常规技术从天然来源无法得到或无法大量得到的生物制品。

生命科学的发展史揭示了人们思考和解决生物学问题的思想历程。学习生物科学史能使我们沿着科学家探索生物世界的道路，理解科学的本质和科学研究的思路及方法。我们可以从生命科学史中挖掘科学家的科学态度、科学精神和科学世界观，对于提高自身的科学素养和人文素养都有积极的意义。

21 世纪，生物学在微观和宏观两个方向的发展都非常迅速，并且与信息技术和工程技术的结合日益紧密，正在对社会、经济和人类生活产生越来越大的影响。我们不但要认识世界、改造世界，更要保护世界，愿我们沿着科学发展的足迹，推动生物学不断进步，迎来崭新的篇章。

编　者

2023 年 2 月

哈 维

William Harvey

姓　　名：威廉·哈维 (William Harvey)

出 生 地：英国肯特郡福克斯通镇

生 卒 年：1578—1657

主要贡献：发现血液循环规律

主要著作：《心血运动论》《动物生殖》

威廉·哈维是英国 17 世纪著名的生理学家、胚胎学家和医生。他对于血液循环规律的发现，奠定了近代生理科学发展的基础。

■ 镇长家的"小解剖家"

1578 年 4 月 1 日，哈维出生于英格兰南部海岸肯特郡福克斯通镇的一个富裕家庭。父亲托马斯·哈维是一位非常勤奋又聪明的人，深受当地百姓的爱戴，1600 年他曾出任福克斯通镇的镇长，直到现在福克斯通镇有一些地方还能看到他的肖像。威廉·哈维是家中的长子，他还有五个弟弟和一个妹妹。

父母对小哈维要求非常严格，他在福克斯通镇接受了启蒙教育后，十岁时以优异的成绩考进了当地有名的坎特伯雷国王学校[①]，并且赢得了奖学金。十五岁时，哈维就被剑桥大学[②]录取，开始了大学生活。三年后，获得文学学士学位。

大学毕业后，年轻的哈维并没有终止学习，他到法国、德国和意大利的一些大学进一步学习科学和医学。意大利的帕多瓦大学[③]是当时青

---

① 坎特伯雷国王学校（King`s School，Canterbury），英国最古老的传统寄宿中学，也是英国的第一所私立公学，始建于 597 年。是坎特伯雷大教堂的一部分。

② 剑桥大学（University of Cambridge），坐落于英国剑桥，是英语国家中第二古老的大学。1209 年由一批为抗议一场谋杀案的判决而从牛津大学出走的教师所建立。建校八百多年，培养了十五位英国首相、一百二十位诺贝尔奖得主（仅次于美国哈佛大学）及众多的著名科学家、哲学家、学者。

③ 帕多瓦大学（Università degli Studi di Padova），位于意大利东北部，是欧洲最古老的顶级大学之一，建于 1222 年。伽利略曾于 1592—1610 年在帕多瓦大学从事科学研究。这里还是世界上第一位女博士的诞生地。

年学子们梦寐以求的学府，哈维也非常向往到那里去学习，后来他得到了去帕多瓦深造的机会。由于有极强的动手能力并且积极实践，在帕多瓦他被同学们誉为"小解剖家"，成了著名的解剖学家法布里克斯①的得力助手。在帕多瓦大学的学习以及该校注重实验的做法对哈维产生了深远的影响，为哈维后来发现血液循环奠定了基础。

在医学领域哈维堪称是一个不世出的天才。二十四岁的时候，哈维以优异的成绩结束了在帕多瓦大学的学习，获得医学博士学位。学成归国后不久，母校剑桥大学为表彰他在留学中所取得的卓越成绩，也授予了他博士学位。1603 年，学有所成的哈维在英国伦敦，开始了行医生活。值得一提的是，此后不久，他与伊丽莎白女王的御医朗斯洛·布朗之女结婚，这一婚姻对哈维医学事业的发展大有帮助。行医期间，哈维对患者热情、耐心，有时对贫困的病人还免收医疗费。就这样，凭着精湛的医术和善良的品格，1607 年哈维成为皇家医学院的成员，并先后被任命为卢姆雷恩讲座的讲师和皇家医学院伦姆雷讲座的主讲人。

哈维教授动物解剖

---

① 法布里克斯（Hieronymous Fabricus，1537—1610），意大利著名医学家、解剖学家。

■ 血流是一种循环运动

在文艺复兴[①]之前，血液流动对于许多人来说是一个神奇的现象，而从科学的角度讲，这是一个充满神秘的未知领域，因而也就引起了众多的医生和科学探索者的兴趣。

古罗马时期最著名、最具影响力的医学大师克劳迪亚斯·盖伦[②]便是其中之一。盖伦认为，内脏是血液系统的中心，被消化的食物在肝里转换成血液，然后消失于全身，血液是有起点和终点的单向运动。血液运动的这一过程是上帝赐给的。在当时的欧洲，盖伦建立的血液运动理论一直被视为"圣经"，以至于很多质疑这一观念的人竟被当作异端。

16世纪，享有"解剖学之父"美誉的比利时医生维萨里[③]根据自己的医学实践，认为盖伦的理论是错误的。不久之后，西班牙医生塞尔维特[④]也提出了肺循环理论。这两位医生曾是巴黎大学的同窗，他们不迷信权威，相继向盖伦血液运动理论发起挑战。但在宗教氛围浓厚的欧

---

① 文艺复兴（Renaissance），14世纪到16世纪在意大利开始并传播到整个欧洲各地的一场人本主义的思想解放运动。这场运动肯定人的价值和尊严，倡导个性解放，反对神学思想，认为人是现实生活的创造者和主人。这场运动深刻影响了欧洲乃至世界的知识界。

② 克劳迪亚斯·盖伦（Claudius Galenus，129—199），古罗马时期著名的医师和哲学家，被誉为西方医学鼻祖之一。

③ 安德烈·维萨里（Andreas Vesalius，1514—1564），比利时解剖学家，近代人体解剖学的创始人，与哥白尼并称为科学革命的两大代表人物。代表作《人体构造》。

④ 弥贵尔·塞尔维特（Miguel Servet，1511—1553），西班牙文艺复兴时代的自然科学家、医生，肺循环的发现者。

洲，他们的观念被视为异端而受到宗教裁判所的惩罚，塞尔维特在日内瓦被当作"异教徒"活活烧死。维萨里虽然得到西班牙国王的庇佑免除了死罪，但他仍被发配到耶路撒冷朝圣。

半个世纪之后，在前人探索的基础上，哈维决心弄清人体血液流动的奥秘。他在自己家中建立了实验室，开始艰苦的探索。他在维萨里和塞尔维特的基础上，系统地、完整地、科学地研究血液和心脏的运动。经过十三年不断试验和修改，1628年威廉·哈维在法兰克福出版了《心血运动论》，提出血液循环理论，这本书给了盖伦学说致命的一击，也冲击着欧洲的基督神学体系。

只有搞清人体内血液流动的情况，才能准确诊断病情，于是哈维决心寻找答案，他从弄清心脏的构造与功能着手。研究中的哈维废寝忘食，家人为了提醒他吃饭，有时只好把食物放到书房或实验室里。哈维不仅是一位一丝不苟的科学家，也是一位孜孜不倦的劳动者。

哈维做了很多实验研究血流，他解剖的动物超过八十多种。他把蛇解剖后将动脉、静脉和心脏暴露出来，用镊子夹住静脉，蛇的心脏就会因为缺血而变白，用镊子夹住动脉，心脏就会涨大变紫。哈维用绷带扎紧动物的动脉，人们看到绷带上方靠近心脏的动脉鼓了起来，但是绷带另一边的动脉变瘪了。这些实验都说明，动脉里的血液是从心脏流过来的。哈维研究静脉瓣的同时，还发现血液只能从静脉回流到心脏，再靠心脏的收缩将血压入动脉，然后流向全身。

功夫不负有心人，经过多年努力，哈维终于发现血液在体内是循环流动的，并且肯定了心脏是血液运动的中心。他还指出，血液不断流动的动力，来源于心肌的收缩压。最终证明了血液的流动是一种循环运动。

1616年，哈维在骑士街圣保罗教堂附近的学堂讲学，第一次提出了关于血液循环的理论，当时哈维讲课的拉丁文手稿至今还被收藏在大英博物馆。但是，这个重大发现刚刚提出时，遭到了许多神学家和医学家的顽固反对和无情围剿，被很多人视为异端。

哈维没有妥协，在《心血运动论》一书中，他用大量的实验证据证明了血液循环理论，用事实给反对者重重的一击。历史不会抹杀真理，哈维的血液循环理论得到了后人的认可和赞扬。这部只有七十二页和两幅插图的惊世之作，成为生理学和医学从神学走向科学的转折点，是对宗教神学宇宙观的一场革命。

随着研究的深入，哈维血液循环理论的正确性一次次被证实。受实验条件的限制，当时显微镜的使用并没有普及，哈维无法用肉眼观察到毛细血管，只能模糊地提出动脉血管和静脉血管之间一定有某种肉眼看不到但起连接作用的血管。随着显微技术的发展，后来科学家们在显微镜下观察到了肺部毛细血管，还观察到了血流通过毛细血管的实际循环过程，彻底证明了哈维的血液循环理论是正确的。

■ 成败皆侍医

《心血运动论》出版后，遭到了教会的猛烈攻击。所幸的是，英王查理一世对哈维的学说很感兴趣，并任命他为王室侍医，那一年哈维刚好四十岁，

在担任侍医期间，哈维曾经两次陪同贵族出访，游历了法国、意大利、西班牙和德国等欧洲国家。访问途中他不忘自己的研究工作，仍到处热切地收集资料，寻找动物进行解剖实验。当时正值战争时期，乡村里不仅人烟稀少，鸟兽更是少之又少。在战乱地区，哈维不惧困难，坚持亲自外出搜集实验动物，以致同行者都对他的安全感到焦虑。

1640 年，英国爆发了资产阶级革命，哈维作为王室侍医，既是国

王的好友，又是王子的监护人，一直忠心于国王的哈维便随同王室一起开始了流亡生活。在牛津流亡期间，他常常访问神学学士乔治·巴塞尔斯特，两人一同观察母鸡的生殖和鸡雏的发育，积累了大量的实验记录和观察笔记，这就是他后来发表的《动物生殖》一文的雏形。

哈维优秀的科学家品质伴其一生，他勤奋好学，达到痴迷的程度。在追随王室流亡期间，哈维曾经参加过埃吉山战役[①]，当时他的任务是在防御工事中照顾两位王子，这两位王子就是查理二世和詹姆士二世。让人惊讶的是，战斗打响后，哈维却从口袋里拿出一本书来学习，而且一颗炮弹在他附近爆炸后，他也只是挪动一下，换个位置后继续学习。

内战结束后，查理一世被绞死，哈维因为一直忠于查理一世而被终身禁止进入伦敦城。

■ 开启生命科学新时代的巨匠

哈维还是生物学史上第一个试图将胚胎发育划分阶段的人，虽然他划分的标准逐渐被更新替代，但他这种将胚胎发育区分成阶段进行研究的尝试被后人继承和发扬。

哈维是一位细心的观察家，他从1639年开始观察海鸟的生活和繁殖习性，以及母鸡的生殖和鸡雏的发育。

动物是怎样产生的，自古以来就令人困惑不解。起初人们认为胚胎即使在发育的最早期也与成年动物具有同样的结构。后来，古希腊学者

---

① 埃吉山（Edge Hill）战役，第一次英国内战（1642—1651）时发生在沃里克郡和牛津郡交接的埃吉山的一次战役。

亚里士多德①提出原始的动物胚胎应该是相对缺乏构造的卵，而胚胎发育是由简单构造演变为复杂构造的过程，不同的组织和器官是逐渐形成的。

哈维深受亚里士多德的影响，试图为他的理论提供实验证据。哈维仔细观察了鸡蛋和其他动物的胚胎，记述了多种鸟类与哺乳动物胚胎的生长发育过程。在《动物生殖》中，他指出生物的最终结构是在胚胎里逐渐发育生成的，而不是"一切部分同时形成"。

1651 年，哈维撰写的《动物生殖》正式出版，这标志着当代胚胎学研究的真正开始。

六十八岁时，哈维辞去了所有职务，开始退休生活。他无儿无女，妻子也已经去世，回到伦敦以后，哈维在弟弟家过起了隐居生活。虽然常常受到痛风的折磨，但是哈维始终坚持着科学研究。

退休以后哈维对皇家医学院依然念念不忘。他热心于公益事业，捐款为皇家医学院修建了一座图书馆，这是一座宏伟的罗马式建筑，楼下是诊察室，楼上有丰富的藏书，还有一个收藏各种草药和动物标本以及各种手术器械的博物馆。哈维把他在肯特郡的世袭产业捐给了皇家医学院，成立基金，以鼓励科学研究并支付图书馆工作人员的开支。

七十九岁那年，哈维突发中风，发病当晚与世长辞，皇家医学院全体工作人员都来为他送葬。遗嘱中，哈维将自己的全部藏书和科学资料都捐献给了皇家医学院图书馆，遗物馈赠给了侄子。起初哈维被葬在家族墓地，两百多年后，英国皇家医学院将哈维的遗体重新装殓，随后安放在汉普斯特德教堂的哈维纪念堂中。英国皇家学会为表彰他

---

① 亚里士多德（Aristotle，约前384—前322），出生于古希腊殖民地色雷斯的斯塔基拉。世界古代史上伟大的哲学家、科学家和教育家。被马克思称为古希腊哲学家中最博学的人。

的功绩，为他建造了一座铜像。墓碑上写着："发现血液循环，造福人类，永垂不朽！"

哈维的血液循环理论问世后，医疗水平得到了长足进步，人们能够合理地解释为什么中毒和感染能够迅速扩散到全身，利用静脉注射进行治疗的技术也随之问世，这一理论还为日后的输血治疗铺平了道路。哈维的贡献是划时代的，他的发现标志着新的生命科学时代的开始，因此哈维被后人誉为近代生理学之父。

对血液循环和心脏功能出色的研究成果，以及对动物生殖的研究，使哈维成为与哥白尼[①]、伽利略[②]、牛顿[③]等人齐名的一代科学巨匠，他的《心血运动论》一书成为科学革命时期以及整个科学史上极为重要的文献。

[①] 尼古拉·哥白尼（Nicolas Copernicus，1473—1543），文艺复兴时期的波兰天文学家、数学家、神父。创立日心说，开创现代天文学。

[②] 伽利略·伽利雷（Galileo Galilei，1564—1642），意大利著名科学家、天文学家、物理学家。被誉为"观测天文学之父""现代物理学之父""现代科学之父"。

[③] 艾萨克·牛顿（Isaac Newton，1643—1727），英国皇家学会会长，英国著名的物理学家，百科全书式的"全才"，他的万有引力定律以及牛顿运动定律是经典力学的基石。著有《自然哲学的数学原理》《光学》等。

列文虎克

Antony van Leeuwenhoek

姓　　名：列文虎克（Antony van Leeuwenhoek）

出 生 地：荷兰代尔夫特（Delft）

生 卒 年：1632—1723

主要贡献：改进显微镜，首次观察到微生物

主要著作：《自然界的秘密》

显微镜的出现在生物科学的发展进程中具有举足轻重的作用，它扩大了人们的视野，让人们发现了躲藏在日常视觉能力之外的微观世界。荷兰的列文虎克和英国的胡克便是利用显微镜探索微观世界、打开人们了解微生物大门的杰出代表。甚至，现在的网络流行语中，"列文虎克"已成为赞美观察敏锐与细致的代名词。

■ 磨制透镜的看门人

列文虎克出生于 17 世纪荷兰代尔夫特①的一个手工艺人之家，父亲是编织篮子的好手，母亲家里做着啤酒酿造生意，起初一家人的日子过得还算安逸。但是，在列文虎克很小的时候，父亲去世了，母亲一个人抚养他很不容易，生活就日渐窘迫起来。困顿的生活让列文虎克迫不得已从学校退学，开始外出谋生。

十六岁时，列文虎克在阿姆斯特丹一家亚麻布店当起了学徒。几年后才返回家乡，在代尔夫特市政厅当了一个看门人。这个工作比较轻松，他每天有很多时间做自己喜欢的事，从此列文虎克开始了他终身热爱的研究——显微镜的制作和观察。

据说列文虎克开始对显微镜感兴趣，还是在阿姆斯特丹布店当学徒的时候。当时，想要看清亚麻制品的质量，人们需要借助放大镜才可以。阿姆斯特丹有许多眼镜店出售放大镜，虽然放大倍数都很低，但是价格贵得惊人。布店的隔壁恰巧有一家眼镜店，列文虎克有空就会去看那里的手艺人磨镜片。他发现磨制镜片并不需要什么特别高深

① 代尔夫特（Delft），荷兰最古老的城市之一。位于荷兰南部，地处海牙和鹿特丹之间，以蓝陶烧制闻名世界。

的技巧，最关键的是要有耐心和细心，于是列文虎克决定自己也来磨磨看。因为受教育比较少，列文虎克除了荷兰语并不懂其他的语言，更看不懂用拉丁文书写的科技著作，他没有机会参考太多前人的经验，只能靠自己在实践中反复不断地摸索和尝试。

当上看门人后，列文虎克的爱好还是磨制透镜。闲暇之余，列文虎克一心扑在磨制镜片上，很快他便掌握了这个技术，而且手艺越来越娴熟。

终于有一天，列文虎克磨制出了一个直径只有三毫米的镜片，镜片实在是太小了，他就在木片中间挖出一个洞，然后把镜片镶嵌进去，这样使用起来就方便很多。列文虎克又在镜子下面装了一块铜板，上面钻了一个小孔，使光线能照射进去反射出观察的东西。

刚开始用它来观察物体时，列文虎克几乎不敢相信自己的眼睛。他发现，在镜片下鸡毛的绒毛变得像树枝一样粗糙，跳蚤和蚂蚁的腿也变得粗壮。

这算得上是列文虎克制作的第一台单筒显微镜。我们现在使用的显微镜包括目镜和物镜，而列文虎克的显微镜只有一个凸透镜。这个单筒显微镜虽然看似简单，结构也不复杂，但是放大倍数和精良程度在当时已经是世界领先水平了。

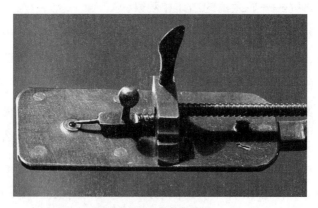

现存的列文虎克显微镜

其实，世界上第一台显微镜是复式的，出现在 1590 年，由荷兰的眼镜制造商詹森和他的父亲发明。这个复式显微镜放大倍率只有九倍，图像很模糊，还不能作为观察工具使用。与列文虎克同时代的英国科学家胡克使用的也是复式显微镜，他制作的显微镜可将标本放大三十多倍。列文虎克虽然不是显微镜的发明创造者，但他的技艺精湛，磨制的单筒显微镜超过了以往任何一种，他用自己磨制的镜片做成了世界上第一台实用的、真正有价值的显微镜。

列文虎克是一个非常有好奇心的人，有了显微镜后，他开始观察自己感兴趣的一切。除了布，他还观察一些生物，包括手指上的皮肤、蜜蜂的螫针、蚊子的口器、昆虫的翅膀和眼睛以及花粉，等等，他乐此不疲地观察身边的东西，这给他带来了很多乐趣。

看遍身边的东西之后，列文虎克并不满足，他想要观察更多的东西，尤其是那些平时不太被人们注意的物体。这样一来，列文虎克就需要性能更好的显微镜，于是他改进了磨制透镜的工艺，甚至还把家里的空房间专门改造成自己的实验室。

正是因为他专注细心和不懈的努力，列文虎克制成的显微镜，结构更加精巧和完善，放大倍数越来越大，最多可将标本放大至二百多倍，当然，数量也越来越多。这也令胡克一生都对列文虎克如何制作出这种透镜感到好奇和疑惑。

列文虎克手工制造的单筒显微镜非常精巧，以至于现在都无人能够仅凭双手制造出比它们更好的显微镜。他一生亲自磨制了五百五十个透镜，装配了二百多架显微镜，为人类创造了一批宝贵的财富。这些显微镜保留下来的有九架，其中的一架在荷兰乌得勒支大学①博物

---

① 乌得勒支大学（Utrecht University），荷兰最古老的大学之一，也是世界著名的公立研究型大学。坐落于荷兰乌得勒支市，创办于 1636 年。迄今为止，乌得勒支大学共培养出十二位诺贝尔奖得主。

馆。显微镜的发明，是科学史上的里程碑，人类开始了使用仪器研究微观世界的新纪元。

■ 特别的英国皇家学会会员

列文虎克行事低调，总是独自一个人埋头工作，所以人们并不了解他的制作和发现。他的医生朋友德·格拉夫①是英国皇家学会②的会员。有一次，列文虎克带这位朋友参观自己的实验室和显微镜，格拉夫非常惊讶，他觉得列文虎克的显微镜和观察记录意义重大，是人类从未有过的发现。格拉夫真诚地劝说列文虎克，应该把他的研究成果送到英国皇家学会去，让更多的人看到这些非凡的制作和发现。听了朋友的劝告，列文虎克最终同意了，决定向皇家学会公开自己的发现。

1673 年，列文虎克用荷兰语写了一封书信，寄给英国皇家学会，标题是《列文虎克用自制的显微镜，观察皮肤、肉类以及蜜蜂和其他虫类的若干记录》。文章的标题冗长又不是很专业，刚收到这份记录时，许多学者看到这个标题甚至还拿来开了半天玩笑，不过，他们读着读着就被其中的内容牢牢地吸引了，并感到深深的震惊。

列文虎克在这份报告中详细记录了自己观察到的大量微生物和它

① 德·格拉夫（Regnier de Graaf，1641—1673），荷兰著名解剖学家。对胰腺分泌物及雌性动物的生殖系统很有研究，格拉夫卵泡，就是因其首先发现"卵"而命名的。

② 英国皇家学会（The Royal Society），全称是"伦敦皇家自然知识促进学会"，英国最高科学学术机构，成立于 1660 年，是世界上历史最悠久且从未中断过的科学学会，在国际上享有盛誉。英国皇家是学会的保护人。

们的运动轨迹，而微生物的存在对于当时的人们来说是闻所未闻的。信中列文虎克还估算了一粒沙中大约有一百万个微生物，而一滴水中可能有二百多万个微生物，如果环境舒适，这些微生物还能旺盛地繁殖后代。

皇家学会的学者们觉得这太不可思议了，他们派出两名科学家带上皇家学会最好的显微镜，去验证了列文虎克的发现，最终列文虎克的发现得到了皇家学会的承认。从此，列文虎克便在整个英国学术界引发了轰动。

1680年，这名从未亲身到过英国的荷兰人成为英国皇家学会的会员，自然他没有参加入会仪式和学会的会议，但这依然不妨碍他在皇家学会中收获了极高的评价。

列文虎克与英国皇家学会一直保持着书信联系，他将自己的实验发现和观察报告持续不断地寄往伦敦，这些成果绝大多数都发表在《皇家学会哲学学报》上。他是最早记录到肌纤维、微血管中血流的人，观察到狗和人精子的第一个人，还准确地描述了红细胞的形态。

1683年，列文虎克绘制出了世界上第一幅细菌绘图发表在学报上。这样的通信维持了长达五十年的时间，共计三百七十二封信件。

1723年，已是鲐背之年的列文虎克，努力克服身体的衰弱，继续进行着自己的研究工作。8月24日那天，列文虎克或许是感觉到自己时间不多了，他拜托好友将两封信翻译成了拉丁文，连同包裹一起送到英国皇家学会。其中一封信详细地阐述了显微镜的制作方法，而在另一封信中，列文虎克写道："我从五十年来所磨制的显微镜中，选出了最好的几台，谨献给我永远怀念的皇家学会。"这次捐赠包括大小不同的二十六台显微镜和几百个放大镜。

三天后，列文虎克与世长辞。

■ 徜徉在"微观的生命世界"

人类出现在地球上已有数百万年，而微生物在地球上已经生存了几十亿年。自从人类诞生之日起就一直和微生物共同生活在地球上，只是人类并不知道它们的存在，也不知道许多疾病是微生物引起的，更不知道酒的酿造和牛奶、奶制品的发酵等都是那些看不见的小生命做出的贡献。

在我们日常的生活中，"不随地吐痰""饭前便后要洗手"是妇孺皆知的卫生习惯，可是这些生活中简单的常识，对于生活在几百年前的人们而言，则是一无所知的。不仅仅是普通大众，就连顶尖科学家都不知晓世界上还有这些微小的生物存在，影响着人类的健康和生活。列文虎克用他的显微镜，第一次观察到了微生物，为后来的人们开辟了一个全新的微观研究领域，可以说，列文虎克是当之无愧的微生物学开山鼻祖。

最早，列文虎克在盛放雨水的罐子里发现了单细胞的微生物，他在观察记录中写道："我用了四天的时间，观察雨水中的小生物，让我特别感兴趣的是，这些小生物比直接用肉眼所看到的东西要小数万倍。在一滴雨水中，这些小生物要比我们全荷兰的人数还多许多倍。"后来，列文虎克又在牙垢中发现了比水中微生物更小的生物，他记录到"这些生物几乎像小蛇一样用优美的弯曲姿势运动"。

由于他的显微镜还不能完全清晰地看清这些小生物，所以，他当时的描述和绘图，并不十分准确。列文虎克在牙垢中所发现的微小生物究竟是什么呢？他自己也不得而知。直到两百多年之后，人们才认清了它的真面目，原来是无处不在的细菌。

在给英国皇家学会的信中，列文虎克曾经这样说："大量难以相信的各种不同的极小的'狄尔肯'……它们活动相当优美,它们来回地转动,也向前和向一旁转动……""狄尔肯"是拉丁文的译音,意思就是细小活泼的物体,这是列文虎克第一次发现微生物时,给它们取的名字。

列文虎克观察到了杆菌、球菌和原生动物,他用显微镜实实在在地看到并记录了一类从来没有人看到过的微小生命。列文虎克写给英国皇家学会的信中,有二百多封附有图画,从他的这些信里人们可以断定,他是第一个观察到球形、杆状、螺旋形细菌和原生动物的人,还第一次详细地描绘了细菌的运动。

不过,在列文虎克发现微生物后的二百多年中,人们对微生物的认识还仅仅停留在对它们形态的描述上,并不知道这些微小的生命对人类健康和生产实践还有很多重要的影响。

随着显微镜技术的不断发展,人们可以用性能更好的显微镜进行更细致清晰的观察,去了解各种引发疾病的微生物以及发酵食品用的微生物,回想起列文虎克当时的观察结果,不得不感慨他为人类认识世界所做出的伟大贡献。

列文虎克完全是一位自学成才的科学家,就是这样一个没有受过教育和任何正规科学训练的人,用他的好奇心和业余时间就能做到这些,真是非常让人赞叹。不过他的一些观察结果并没有总结上升到理论高度,而他的显微镜制作方法也有一些是保密的,至今不被人所知,这一点很是让人遗憾。

列文虎克作为杰出的显微观察家,在生物学发展史上所起的作用是相当重要的。直到19世纪,显微科学的研究才超过他的水平。列文虎克划时代的观察结论使他生前就已经举世闻名。许多世界名人都曾与他会面。

有位记者采访时问他:"列文虎克先生,你的成功秘诀是什么?"

列文胡克想了片刻,他一句话没说,只是伸出了因长期磨制透镜而长满老茧和裂纹的双手。

胡 克

Robert Hooke

姓　　名：罗伯特·胡克 (Robert Hooke)

出 生 地：英国威特岛弗雷斯沃特村

生 卒 年：1635—1703

主要贡献：第一次发现细胞，胡克定律

主要著作：《显微制图》

在利用显微镜推动生物科学发展的过程中，首次成功观察到细胞并将其命名为 cell（细胞）的是英国多才多艺的科学家胡克。

■ "皇家学会的双眼和双手"

1635 年 7 月 18 日，英格兰南部威特岛弗雷斯沃特村的牧师家里诞生了一个小男孩，家人给他取名罗伯特·胡克。男孩小的时候体弱多病，父亲舍不得送他去寄宿学校，便在家里自己教他学习。小胡克不太喜欢和别人玩耍，总是喜欢自己摆弄机械钟表，心灵手巧的他还自制过可以开炮的小战舰。此外他还非常喜欢画画，有很高的艺术天赋。

十三岁那年，不幸降临了这个原本殷实的家庭，胡克的父亲去世了，家里失去经济支柱，日子开始变得拮据。为了能够继续学习，他被送到伦敦，在一位著名画家身边当学徒。在这里他的画画水平与日俱增，胡克的绘画功底成了他将来进行科学研究的重要助力。他还当过教堂唱诗班的领唱和富豪的侍从。

后来胡克得到了在威斯敏斯特学校①学习的机会，在这里他表现出了惊人的天赋。当时威斯敏斯特学校的校长非常赏识胡克的才能，想要给他资助，但自立自强的胡克婉言拒绝了。在这期间胡克打过很多零工赚取学费和生活费，他半工半读地完成了中学的全部课程。

胡克的学习能力非常强，在威斯敏斯特学校他学习了拉丁文、希腊

① 威斯敏斯特学校（Westminster School），位于伦敦市中心的威斯敏斯特教堂与英国国会大厦之间，是英国最古老、最知名的私立学校之一，伊丽莎白一世被誉为学校的创始人。至今已培养出包括约翰·洛克、赫胥黎等一批著名的科学家、哲学家、政治家和艺术家。

文、希伯来文、数学和风琴演奏等。他在一个星期之内就读完了欧几里得①《几何原本》的前六卷，据说还用这些数学知识发明了飞行器，并设计了十二种机械结构和三十种飞行方法。

从威斯敏斯特学校毕业后，虽然生活没有得到很大改观，但是胡克没有放弃学习机会。1653年，他来到牛津基督教会学院，在这里开始了科学学徒生活，平时他就靠合唱团发的微薄工资来维持生计。

在牛津，胡克结识了很多有影响力、有创造性的朋友。特别值得一提的是，胡克在牛津被推荐到了波义耳②实验室工作，成为他的助手。从波义耳那里胡克获得了丰富的化学知识和实验技巧，从此开启了仿佛"开挂"的人生。

胡克的动手能力令人叹为观止，波义耳用的几乎所有科学仪器都是他制造或设计的。波义耳当时正致力研究空气，特别是关于真空和燃烧现象，必须要拥有性能优良的抽气机，但却苦于没有效果理想的抽气机。是胡克让波义耳如愿以偿，他改进了抽气机，使波义耳的实验取得了巨大的成功，并形成了著名的波义耳定律③。

1662年，英国皇家学会成立，胡克担任学会的实验管理员。他接连制作出复式显微镜、海洋测深仪、气候钟等仪器，这些新型仪器极大地促进了皇家学会以实验为基础的初期研究。胡克设计和发明了许多在当时无与伦比的科学仪器，被誉为"皇家学会的双眼和双手"。

---

① 欧几里得（Euclid，约前330—前275），古希腊著名数学家，被誉为"几何之父"。他的数学著作《几何原本》总结了平面几何五大公设，是数学发展的基础，也是历史上最成功的教科书。

② 罗伯特·波义耳（Robert Boyle，1627—1691），英国化学家，近代化学的奠基人。他的《怀疑派化学家》对化学的科学发展产生了重大影响。

③ 波义耳定律，内容是：在密闭容器中的定量气体，在恒温下，气体的压强和体积成反比关系。这是人类历史上第一个被发现的"定律"。

■ 发现细胞的绘画天才

很长时期里，人类都只是依靠肉眼观察世界上的物体。但是，肉眼能见到的物体最小也只能到 0.1 毫米。所以，不论多么卓越的科学家，如果没有适当的工具和仪器帮助，要想观察一些动植物的细微结构也是不可能的。自从 17 世纪早期显微镜发明后，人类眼中的世界更加丰富多彩了，从此以后，自制显微镜日益盛行。

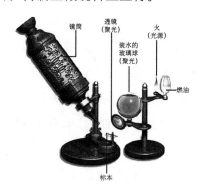

胡克的复式显微镜

1665 年的一天，在一架复合显微镜旁，胡克专心地用锋利的削笔刀从一小块洁净的软木上，切下光滑的薄片。他很好奇这些薄片放大以后会是什么样，于是放到显微镜下观察。胡克隐约看到了一些小的空洞，但并不是很清楚。于是更加细心地再切下极薄的一片，这次他清楚地看到薄片上有很多孔洞，像蜂窝一样。他粗略地计算发现，每平方英寸（约为 6.5 平方厘米）的薄片上大概能有超过一百万个小孔洞。如果不是用显微镜直观地看到，这真是令人难以置信。

凭借独特而灵敏的直觉，胡克觉得此物一定有什么特殊意义，有必要为它命名。因为它们看上去像一间间长方形的小房间，类似于教士们住的单人房间一样，所以胡克用单人房间"cell"一词为它命名。就这样，胡克成为科学史上第一个发现细胞并命名的人。后来，他在许多植物中也观察到了类似的结构。

其实，胡克看到的并不是活细胞，而是软木组织中的死细胞。他看到的是没有生命的细胞壁及其包围的空间。即使是这样，他的发现依然引发了人们对细胞的兴趣。最终，经过后人不断地研究，建立了细胞学理论，使生物学的研究从宏观形态结构水平跨越到微观细胞结构水平，促进了生物学研究的飞跃。

巧合的是，在没有互相通信的情况下，列文虎克紧随其后也观察到了一些微小结构，并把它们命名为"气泡""小囊"等，他也不理解这些微小的结构有何意义。

胡克还观察了一些绿色蔬菜，发现这些细胞内有液体。当时，受哈维血液循环理论的启发，胡克猜想，"细胞"大概可以看作液体，它能流过植物的管道，就像动物的血液在血管中流动一样，这些"液体"再用来维持植物生长。但是经过再三观察，也没有发现小孔内有像心脏一样的结构，可以使"液体"向一个方向流动。

1665 年，胡克将自己多年的观察成果汇集成册，出版了《显微制

胡克手绘的植物细胞

图》一书，这本书在当时引起了巨大的轰动。它的问世，奠定了罗伯特·胡克在科学界的声望。在这本书中，人们发现显微镜下的微观世界和肉眼看到的宏观世界一样绚丽多姿。

《显微制图》不是某一个专题的系列研究，它包括了从月球、星体、光线在空气中的折射，到矿物、植物、动物标本等几十项观察的结果，并且书中附有五十八幅显示胡克艺术天才的插图。这些图不仅精准，而且美观，胡克用细腻逼真的笔触让人们认识了微观世界的丰富多彩，也为实验科学提供了大量既清晰又美丽的证据，这些都是前所未有的。

罗伯特·胡克开启了用绘画的方式描述微观世界的先河，推动了科学界研究方式的变革，这种最直观的方式特别方便科学家们交流。他的《显微制图》与伽利略的《星际使者》[①]一样，虽没有发布新概念或新理论，但都宣告了科学观察方式新纪元的到来。

■ 鲜为人知的科学巨人

罗伯特·胡克是一个全才式的人物，他的贡献是多方面的。除生物学方面的成就外，胡克在天文学、力学、化学、气象学乃至音乐、建筑等领域都有所涉猎，且都做出过重要贡献。

在力学方面，他发现了弹性体变形与力成正比的定律，也就是胡克定律。他利用各种材料各种形状的弹性体，做了大量与弹力有关的实验，涉及弹簧的伸长、缩短以及弹簧的扭曲形变的力学规律。最后确认

---

① 《星际使者》（*Starry Messenger*），也译为星空信使。是1610年出版的伽利略的天文学著作，凭借望远镜对天体的观察，伽利略在书中宣告了一系列重大的天文学发现。

在一定限度内，弹簧的伸长量与它所受到的拉力成正比。正是由于胡克定律的发现，人们发明了弹簧测力计，这是一项用来测量力的大小的伟大发明。至今，弹簧测力计仍然是物理实验室中广泛使用的重要仪器。

在宣布弹性定律的同时，他还进行了简谐运动的最早分析，并且证明了弹簧振动是等时的。由此，他把弹簧应用于钟表制造，取得了巨大成功。

胡克对万有引力定律的发现也曾做出贡献。牛顿曾称自己是站在巨人的肩膀上，胡克应该说也是这些巨人中的一位。1661 年，英国皇家学会成立了一个专门研究重力的部门，当时胡克也参与了研究工作。他认为引力与重力在本质上非常类似，他还曾经与同事们一起尝试在山顶和矿井这些地方寻求重力与地心距离之间的关系，但是没有取得具有说服力的证据。十几年后在一次演讲中，胡克提出了引力会随着距离变化的观点，并且他预测，如果真的揭开了这个变化的规律，天体运动的规律就迎刃而解了。

胡克还进行了大量的光学实验，他是光的波动学说的支持者。早在1655 年，胡就提出了光的波动说，他认为光的传播与水波的传播相似。后来，他还提出了光波是横波的观点。

胡克还特别致力于光学仪器的发明和制作，他制作或发明了多种显微镜、望远镜等光学仪器。

在天文观测方面，胡克也毫不逊色，他是与卡西尼[①]、惠更斯[②]一起最早仔细观测木星表面的天文学家。他用自己改进的望远镜发现了猎户

---

① 乔凡尼·多美尼科·卡西尼（Giovanni Domenico Cassini，1625—1712），出生于意大利的著名天文学家，后担任巴黎天文台台长。他测定火星自转周期，公布第一个木星历表，发现土星光环中间有一条暗缝（又叫"卡西尼环缝"）。其儿、孙及曾孙均在天文学领域做出重大贡献，是科学史上最富盛名的天文学家族。

② 克里斯蒂安·惠更斯（Christian Haygen，1629—1695），荷兰著名物理学家、天文学家和发明家，近代自然科学发展中一位重要的开拓者，也是伦敦皇家学会的第一位外国会员。他建立向心力定律，提出动量守恒原理，并改进了计时器，在力学、光学、天文学领域都有杰出的贡献。

星座的第五星，提出木星绕轴旋转，还曾对火星进行过详细的观察研究。1673 年，胡克利用自己高超的机械设计技术成功建成了第一台反射望远镜，并使用这台望远镜首次观测到火星的旋转和木星大红斑，以及月球上的环形山和双星系统。

胡克还研究了行星的运动规律。1679 年，罗伯特·胡克写信给牛顿，提出了自己关于引力与距离的平方成反比的推测，天体的运动轨道可能是椭圆的而非牛顿刚开始所认为的螺旋线。但是遗憾的是，胡克并没有从数学角度对这个推测进行定量推理和描述。不过，这启发了牛顿对万有引力的研究。

晚年的胡克饱受疾病折磨，几乎卧床不起。1703 年，双目失明的他于伦敦逝世，享年六十八岁。

罗伯特·胡克的科学成就很多，他有敏锐的洞察力，以及顽强的自学精神。但是他的科学生涯屡经波折，他曾与牛顿及其他科学家有过不少激烈的争吵，而且总是拒绝与人和解，这些都影响了他的声誉。所以他对科学发展做出的功绩有意无意之间被历史尘封了很久。

2003 年为了纪念罗伯特·胡克逝世三百周年，英国皇家学会和牛津大学基督教会学院①都举行了专题会。英国国家海洋博物馆专门举办了罗伯特·胡克展，一批讲述胡克的著作也相继出版。

虽然沉寂了几百年，但他对科学的功绩不会被历史永远湮没，胡克这颗闪亮的科学之星，终于得到了人们的瞩目和敬仰。

---

① 牛津大学基督教会学院（Christ Church College），牛津大学最大的学院，也是世界上唯一一所教堂式学院，建造耗时八百多年。近二百年间，这所学院为英国培养了十三位首相。电影《哈利·波特》中的许多场景就取自这所学院。

林 奈

Carl von Linné

姓　　名：卡尔·冯·林奈 (Carl von Linné)

出 生 地：瑞典斯莫兰市

生 卒 年：1707—1778

主要贡献：开创生物学新的分类和命名系统

主要著作：《自然系统》《植物属》《植物种志》

物体分类和命名是科学的基础。大千世界存在着不计其数的动植物，这些自然生物形态各异，千奇百怪。为了更好地了解自然，研究自然，将混乱不堪的动植物知识系统化有序化就成为一种必然。作为第一个为世界上所有生物分门别类并首创了生物学命名方法的生物学家，林奈在生物科学发展的历史上具有举足轻重的地位。

■ 成绩平平的"小植物学家"

卡尔·冯·林奈是瑞典的生物学家，是近代生物学特别是生物分类学的奠基人。1707 年 5 月 23 日，他出生在瑞典的斯莫兰。这里是瑞典湖泊数量最多的地方，有繁茂的绿色丛林，还有成群的由白色支柱支撑的红木屋，是个非常美丽的地方。

小的时候，父亲对林奈的影响很大。林奈的父亲喜爱园艺，他闲暇的时候喜欢在花园里打理花花草草。小林奈看了深受影响，也十分喜爱植物，特别是花。当小林奈不开心的时候，如果有人给他一朵花，他马上就能高兴起来。父亲在花园上花费了很多精力，经常会带着小林奈看花，告诉他各种花的名字。后来，父亲给了林奈一小块地，让他也可以自己种些花。

小林奈看到不认识的植物时，经常会去问父亲，父亲也很乐意给他讲一些植物学知识。但是遇到已经教过他的问题，父亲却从来不急着回答，而是让林奈自己回忆思考。小林奈不得不记住那些父亲已经讲过的知识，父亲就是用这种方式锻炼了林奈良好的记忆力。就这样日积月累，林奈认识了越来越多的植物。八岁的时候，林奈就认识很多很多的植物了，小伙伴们因此送了他一个"小植物学家"的绰号。父亲还经常会教他一些拉丁语、宗教和地理方面的知识。

后来，林奈进入学校开始接受正规教育。但是在小学、中学阶段，林奈的学习成绩平平，和他的小伙伴相比，并不是很突出。他只对自然科学和拉丁语感兴趣，将大量的精力和时间都放在了植物学方面。他经常去野外采集植物制作标本，还阅读了大量植物学著作。林奈自己对小时候上学的印象就是："处罚，不断地被处罚，教室是最令人坐立难安的地方，……如果能够有所教室，是在森林中漫步，是在小草中打滚，不知道有多好！"

林奈的父亲是一位牧师，母亲也是牧师家的女儿，家人们都希望林奈能好好学习神学，将来可以子承父业，也成为一名牧师。林奈在中学里主修希腊语、希伯来语、神学和数学，这些学科都是为了将来要当牧师的男孩准备的。但是，在中学的最后一年，林奈的父亲拜访了学校，了解到儿子的学习情况，令他非常失望，大多数人都说林奈永远不可能有所成就，做牧师也是不可能的。

不过，林奈的中学校长注意到了他对植物的兴趣，不仅把自己的花园让他管理，还将约翰·罗斯曼介绍给了林奈。罗斯曼是当地一位植物学家，他惊讶于林奈对植物的热爱。当大家都对林奈失去信心的时候，罗斯曼相信林奈一定会有更好的未来。

罗斯曼告诉林奈："读书像吃饭，什么都吃的孩子才长得壮，因此一个耐得住枯燥课程的孩子，才有获得更高教育的机会。"正是在罗斯曼老师的鼓励和支持下，林奈从此重新燃起考大学的热情。老师经常把林奈带到自己家里学习，还会指导他的功课。罗斯曼教会了他很多植物学的知识，让他体会到植物学是一门严肃的学科。

林奈将罗斯曼当成了自己的亲人，后来他写道："罗斯曼并没有强迫我念书，他让我感受到自己知识的不足，所以我自然生发出对书本的渴望，书本就像食物一样，让我不忍离去。没有罗斯曼的启发，我一生充其量是一个爱花的人，不会为所有的生物、矿物建立一个分类系统。"

罗斯曼拓展了林奈植物学领域的知识面，同时还让他对医学产生了浓厚的兴趣。二十岁时，林奈进入斯科讷的隆德大学①，这也是他父亲的母校。一年后他转入乌普萨拉大学②，这是当时瑞典最好的大学。在大学期间，林奈充分利用大学的图书馆和植物园，系统地学习了博物学以及生物标本采集和制作的知识。

■ 平凡处寻找奇妙事的植物学王子

林奈的成就与他的游历生涯密不可分，在欧洲各国游历期间是林奈一生中最重要的时期，是他学术思想成熟、初露锋芒的阶段，他对植物的分类和命名有了更深刻的思考。

瑞典北部的拉普兰地区是一块极其荒凉的地带，1732 年，在乌普萨拉大学的资助下，林奈随一个探险队来到这里进行野外考察。他看到了许多盛开的忍冬科花朵，花冠淡红色或白色，他正式把此花命名为北极花。林奈特别喜欢这种花，他的家徽上有北极花，在他的画像中也常能看见他手上握着北极花或者衣服上别着北极花。林奈沿着波斯尼亚湾③考察，最后回到乌普萨拉，历程长达两千多公里。一路上，他发现了一百多种新植物，收集了不少宝贵的资料。林奈收集并记录了这次考察的所见所闻，将调查结果写成《拉普兰植物志》，为后人留下了有重

---

① 隆德大学（Lund University），建于 1666 年，欧洲最古老的大学之一，也是瑞典的顶尖学府之一，培养了多位诺贝尔奖得主和菲尔兹奖得主。

② 乌普萨拉大学（Uppsala University），创立于 1477 年，坐落在瑞典古都乌普萨拉市。是瑞典最古老的大学，也是北欧国家的第一所大学。截至 2022 年，该校诞生了十六位诺贝尔奖获得者。

③ 波斯尼亚湾（Gulf of Bothnia），位于波罗的海北部，介于芬兰西岸与瑞典东岸之间的海湾。

要价值的文献。

1735 年，林奈开始了对欧洲大陆的科学访问。第一站是荷兰，这是当时欧洲研究自然历史最先进的国家之一。林奈在这里取得了医学博士学位。在欧洲各国，他结识很多著名的植物学家，更大的收获是，得到了很多国内没有的植物标本。

1736 年，林奈认识了乔治·克利福德三世（George Clifford III，1685—1760)，他是一位热心的植物学家，还是荷兰东印度公司董事之一和阿姆斯特丹的银行家。克利福德三世拥有一座大型的植物标本馆，他从全世界收集的热带植物，需要用四个温室来栽种，园子里还有很多的奇异植物。克利福德三世邀请林奈来到他的植物园，撰写了《克利福德园》。——这是一本早期植物学文献中的名著。林奈曾表示，他在这里度过了极其快乐的一段时光。

后来，林奈又游历了英国，并经法国返回瑞典，从此再没有离开过。这一年林奈三十一岁，开始了在母校乌普萨拉大学的教书生涯，直至四十年后去世。1741 年，任教后的第三年，林奈担任了植物学教授。林奈是全世界第一位专教植物学的教授。

林奈潜心于植物分类的研究，共发表了一百八十多部论著。1775年被瑞典国王封为骑士。

■ 让混乱的植物王国井然有序

红薯、土豆、牡丹、银杏等等，这些我们耳熟能详的植物名称，并不是它们的学名，而是我们日常生活中的俗称。英文名同样也不是植物的学名，植物的学名是指用拉丁文命名的名称。

在植物学刚刚兴起的时候，人们认识的植物还非常少，为植物起名字也就很简单随意。植物学家往往会根据新发现植物的显著特征，用短语描述。不过，到 16 世纪人们已经知道了上千种植物，17 世纪人们发现的动植物更多了，已经接近两万种。随着技术的发展，科学家们搜集的标本数量还在不断的增多。

林奈生活的时代，正是欧洲的大航海世纪。许多科学家航海归来时，都会从世界各地带回很多动植物，新发现的动植物种类越来越多。但是，它们都没有名字。科学家们就用自己喜欢的名字为它们命名，由于没有一套公认的命名规则，当时的动植物命名十分混乱。常常出现同一个物种有好几个名字，或者不同的物种用同一个名字的情况。而且，用来命名植物的短语越来越长，当一种动植物名字要用十几个单词拼读的时候，这已经不仅是困难的问题，完全变成了一场"灾难"！

1735 年，二十八岁的林奈发表了他最重要的著作《自然系统》一书。这本书在第一次出版时只是薄薄的一本小册子，但到第十二版时已膨胀成几千页的巨著。在书中，林奈首先提出了以植物生殖器官为依据对植物进行分类的方法，这是林奈分类生物体系的代表作，林奈首创了将生物分类的概念。1753 年林奈又发表了《植物种志》，采用"双名法"，以拉丁文为生物命名。

在林奈之前，瑞士的植物学家鲍欣[1]在其著作《植物图鉴》中，已经使用了双名法，但这一方法并未引起重视，没有推广开来。但林奈的分类方法和双名法，却广泛地被各国生物学家们接受，植物王国的混乱局面被他调理得井然有序，他改变了生物命名的混乱现象，拯救了这场"灾难"！林奈成为近代植物分类学的奠基人。

---

[1] 加斯帕德·鲍欣（Gaspard Bauhin，1560—1624），瑞士医生、解剖学家、植物学家。在其著作《植物图鉴》（1623）中，列举和描述了约六千种植物，并首次提出了双名法命名系统。

林奈把自然界分成了三大界：矿物界、植物界、动物界。对植物界，他主要依据雄蕊的数目和特征分为二十四个纲，每纲分为若干个目。对动物界，林奈主要依据动物心脏、呼吸器官、生殖器官、皮肤及感觉器官特征的区别，把动物界分为哺乳纲、鸟纲、两栖纲、鱼纲、昆虫纲、蠕虫纲。

所谓"双名法"，就是用拉丁文为植物命名，其中第一个词是属名，为名词，第二个词是种名，为形容词，形容这个物种的特性，其后面可以加上发现者的名字，以纪念这位发现者，也有负责的意思。例如，银杏树学名为 *Ginkgo biloba* L.，其中 Ginkgo 是银杏的属名，为名词；biloba 则是银杏的种加词，为形容词；L 为命名者（林奈 Linné 的缩写）。双名法规定学名不能超过十二个字，这样可以使命名清楚、方便整理和交流。后来，他使用同样的方法，也用拉丁文为动物命名。

拉丁文是古罗马帝国时期一种通用的语言，在林奈生活的 18 世纪，普通民众很少有人再使用它了。那时候，不同的国家已经开始形成各自不同的语言体系，有的国家甚至还不止一种语言。但是，为了交流方便，学者们在讨论科学问题时还继续使用拉丁文。林奈的很多著作也都是用拉丁文写的，所以他选择了用拉丁文为生物命名。现在看来，林奈这样做还有一个非常大的好处，因为那时的拉丁文已经不会再有发展和变化了，所以用拉丁文为生物命名，可以保证命名系统的稳定。

有了这种拉丁文的学名，每一种生物就有了自己归属的"家族"和特有的名称，也避免了物种名称之间的混淆。林奈的分类方法和双名法统一使用拉丁文，避免了不同语言之间翻译上的麻烦，使生物的命名更简便，更容易推广使用。从 1753 年应用于植物，1758 年应用于动物学，到 1980 年应用于细菌学，双名法一直沿用至今。

林奈认为："知识的第一步，就是要了解事物本身，这意味着对客观事物要具有确切的理解；通过有条理的分类和确切的命名，我们可以区分并认识客观物体……分类和命名是科学的基础。"

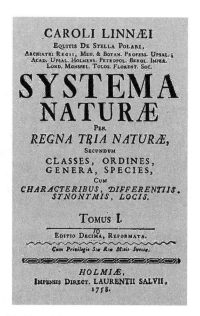

林奈《自然系统》(*Systema Naturae*)第十版封面

  植物学研究的后辈为了表示对林奈的尊敬,在业内有一个不成文的规矩,在植物名称命名人的位置出现"L.",就代表它的命名人只能是林奈,其他人不能使用。

  林奈也获得了其他各个领域名人的赞誉,歌德称:"除了莎士比亚和斯宾诺莎,再没有其他的先人对我的影响比林奈更大。"卢梭在给林奈的信中写道,地球上没有人比林奈更伟大。林奈还被后人赞誉为"植物学王子""北方的博物志"以及"第二个亚当"。

  为了表彰林奈对生物学的贡献,1761年瑞典国王授予他贵族爵位。瑞典政府曾先后建立林奈博物馆和林奈植物馆,还成立了瑞典林奈学会。自1888年起,伦敦的林奈学会开始颁发林奈奖,以表彰在植物学界和动物学界中做出杰出贡献的科学家。1986年,瑞典国家银行推出的新款100克朗纸币上,就印制有林奈的肖像、他所绘制的植物授粉图、乌普萨拉大学林奈花园素描和林奈的格言"在最平凡处寻找奇妙事"。

瑞典国家银行推出的 100 克朗纸币

2007 年，为了纪念林奈诞辰三百周年，瑞典政府将这一年定为"林奈年"，举行了以"创新、求知、科学"为主题的各类活动，激发了青少年对自然和科学的兴趣，也缅怀了这位伟大的科学巨人。2010 年，林奈出生地瑞典斯莫兰市的两所高等院校——韦克舍大学和卡尔马大学合并，新学校命名为林奈大学。

斯帕兰札尼

Lazzaro Spallanzani

姓　　名：拉扎罗·斯帕兰札尼（Lazzaro Spallanzani）

出 生 地：意大利斯坎迪亚诺镇

生 卒 年：1729—1799

主要贡献：证实胃液具有化学性消化作用

主要著作：《略论动物的再生》《论心脏的运动》

千百年来，人们普遍持有一种观念，认为生命是从无生命的物质中自然发生的：污水会生蚊蝇，荒芜的土地会长荒草，甚至从种植作物的视角看待胎儿的形成过程，认为女性的躯体就好比是土壤，男性的精子进入女性躯体后，胎儿便会自然成长。虽然历史上不断有人对此提出异议，但直至 18 世纪的意大利生物学家斯帕兰札尼通过一系列实验挑战自然发生论，才确立了生命只能来自生命、生物只能通过上代生物繁衍才能产生的观念。

■ 爱科学的神父

1729 年，斯帕兰札尼出生于意大利的斯坎迪亚诺镇，他是著名的博物学家、生理学家和实验生理学家。斯帕兰札尼的父亲是一位牧师，所以很小的时候他就被送入神学院学习，在那里他打下了良好的语言学和哲学基础。后来，斯帕兰札尼进入博洛尼亚大学[①]学习法律，这是当时意大利一所顶尖的综合性大学。

恰巧斯帕兰札尼的堂姐芭西在博洛尼亚大学担任物理学和数学教授，斯帕兰札尼对自然科学产生了浓厚的兴趣，于是他放弃了法律，开始学习自然科学。二十四岁时，斯帕兰札尼取得了博士学位。毕业后，他被教会任命为牧师，三十一岁成为神父。

斯帕兰札尼聪明过人，而且精力非常旺盛。他特别喜欢研究生物学问题，做过很多经典的实验，包括消化机制、血液循环、再生现象、自

---

① 博洛尼亚大学（University of Bologna），坐落于意大利博洛尼亚，是一所国际顶尖的综合性大学。创立于 1088 年，是世界范围内广泛公认的、拥有完整大学体系并发展至今的第一所大学，被誉为"世界大学之母"。该校与法国巴黎大学、英国牛津大学和西班牙萨拉曼卡大学并称欧洲四大古老名校。

然发生、呼吸机制、生殖机制、蝙蝠的感觉功能、海绵动物学以及电鳐的电活动等等。

三十二岁时，斯帕兰札尼进行了人生中的第一次科学考察。在考察途中他收集证据，分析多种因素后证明了山间泉水不像笛卡儿所说的那样是由海水变来的，而是由雨水或雪水渗入地下后流出来的。也正是在这一年，斯帕兰札尼接触到自然发生说的思想，从此，他便对自然发生问题产生了极大的兴趣，开始不断地进行实验研究。

斯帕兰札尼研究过蚯蚓、蛞蝓①、蜗牛、蝾螈以及青蛙和蟾蜍的再生能力。仅蚯蚓再生能力的研究，他就做了数千次的重复试验。最终斯帕兰札尼发现，关于动物的再生能力，低等动物强于高等动物，年幼个体强于年老个体，体表组织强于内部器官。他将这些成果撰写成《略论动物的再生》和《关于陆生蜗牛头部再生的实验结果》。

斯帕兰札尼还对动物的血液循环感兴趣。当时，哈维已经详细描述了动物血液循环系统。在哈维的研究基础上，斯帕兰札尼观察到心脏的跳动推动了血液流动，同时大动脉也会节律性地跳动，红细胞有时会变形进入细小的毛细血管等。这些成果都收录在 1768 年发表的《论心脏的运动》一文中，也是在这一年，斯帕兰札尼当选为英国皇家学会会员。

斯帕兰札尼既是一位合格的神父，也是一位充满好奇心的优秀学者，大自然的一切他都想搞个明白。五十岁左右的时候，他开始研究动物的消化生理和授精问题，直到生命的最后十年中，他还对蝙蝠在夜间的寻路和捕食行为感兴趣，并进行了大量的实验研究。

---

① 蛞蝓 (kuò yú)，腹足纲蛞蝓科动物的统称。中国南方某些地区称蜒蚰，俗称鼻涕虫，是一种软体动物，外表看起来像没壳的蜗牛。

■ 挑战"自然发生说"

自然发生说最早是由古希腊思想家亚里士多德提出的，他认为生命是从非生物的物质自然产生而来。那时，人们发现不洁的衣物会滋生骚虱，脏水中会滋生蚊蝇，垃圾和腐臭尸体会滋生蝇蛆，由此便认为生命是从无到有，自然生成的。这在今天看起来非常可笑的观点，竟然在人类历史上流传了两千多年。直到 17 世纪，这个说法还一直在人们心中根深蒂固。

1668 年，一位才华出众的意大利宫廷医生弗朗切斯科·雷迪（Francesco Redi，1626—1697），首次对自然发生说提出异议。他进行了许多次实验测试后，发现腐肉上的蝇蛆是由苍蝇的"蛋"孵化而来的，而不是非生物的物质自然发生的。雷迪提出，生命源于生命，没有先前的生命就不会有新的生命。

后来，人们知道包括昆虫在内的许多生物都是由卵发育的，而不是来自非生物的物质。但是，不久之后，一个新的难题出现了，植物和水果上的虫瘿①是哪里来的呢？尽管雷迪推测虫瘿中的幼虫是由卵发生的，但是他承认自己并没有足够的实验证据。因此，人们认为虫瘿和动物体内的寄生虫这类的低等动物仍可自然发生。

在雷迪的观点被越来越多的人信服的时候，列文虎克发现了微生物。人们又开始好奇微生物是从哪里发生的，但当时的实验条件限制了这方面的研究。有人认为，微生物的构造那么简单，或许可以直接从无

---

① 虫瘿，指在植物体上由于昆虫产卵寄生引起的异常发育的畸形瘤状物或突起部分。一般在植物的地上部形成，有时也能在根部形成。

生命体的物质中直接繁衍出来。

在英国，牧师尼达姆[①]用肉汤做了一个实验。他把一些羊肉汤灌进一个瓶子里，然后塞上塞子，再加热半小时。几天后他用显微镜观察了肉汤，发现汤里面密密麻麻的全都是微生物。之后他还用其他汤汁多次重复了这个实验，无一例外都是同样的结果。于是，他给皇家学会写了报告："我已经证明，这些微生物的确能从没有生命的东西里面自发地产生出来。"

尼达姆的实验结果得到了法国著名博物学家布丰[②]的支持，在当时的科学界轰动一时。这个结果一度让人们对"自然发生说"确信不疑，很快，诸如"蜜蜂来自死牛尸体""老鼠来自干酪桶里的抹布"之类的谣言就传遍了整个欧洲。就这样已经快从历史舞台上被挤下去的"自然发生说"，又被硬生生地拽了回来，再一次在科学界兴起。

就在谣言要传遍世界的时候，斯帕兰札尼站出来扭转了局面。凭着独有的敏锐性、独创性和渊博的学识，他提出了自己的质疑，他认为微生物绝不可能从羊肉汤或其他任何东西里面自生自长，可能是尼达姆加热的时间不够，或者是瓶子没有密封严实。

于是，斯帕兰札尼准备了三组盛有肉汤的瓶子：第一组煮沸一小时，并将玻璃瓶口烧到完全融合；第二组煮沸一小时，在玻璃瓶口塞上软木塞；第三组煮沸了几分钟，同样将玻璃瓶口烧到融合。几天之后，斯帕兰札尼打开瓶子观察。结果不出所料，只有第一组瓶子里没有发现微生物，而另外两组肉汤中充斥着大量的微生物。

---

① 约翰·尼达姆（J.T.Needham 1713—1781），英国天主教牧师，18世纪自然发生说最重要的捍卫者。

② 布丰（Georges Louis Leclere de Buffon，1707—1788），18世纪法国博物学家、作家。1739年，他开始担任皇家花园（植物园）主任，并用毕生精力经营。著有36卷的《自然史》，其中包括《地球形成史》《自然的分期》《人类史》《动物史》《鸟类史》《爬虫类史》等。

斯帕兰札尼向世人公布："生命只能来自生命，哪怕最简单的生命也是如此，封好你的烧瓶，外面的就进不去；加热足够的时间，再顽强的生物也会死掉。"他的挑战已经向胜利靠拢了一大步，这个实验结果有力地打击了"自然发生说"。

但争论仍在持续。自然发生说的支持者坚持认为，由于长时间的煮沸，空气中的某些"生机"被破坏了，而没有这些"生机"，微生物是无法繁殖的。后来，施旺改进了斯帕兰札尼的实验，但是每次重复实验的结果都不稳定，"自然发生说"仍然被留在了科学的舞台上。直到一个多世纪以后，巴斯德最后消除了这些异议，"自然发生说"才销声匿迹。

斯帕兰札尼的实验并没有彻底地驳倒"自然发生说"，也没有回答生命最初的起源问题，但是他精巧的实验设计启发了巴斯德发明了高温消毒法。巴斯德对斯帕兰札尼非常敬仰，甚至将他的画像挂在了自己的餐厅中每日瞻仰。

■ 食物消化不是简单的磨碎而已

16世纪中期，人们逐渐认识到营养物质对于动物维持生命是必需的，随之而来产生了一个新问题，动物是如何消化食物获得营养呢？科学家们开始了对消化的研究之旅。但是，受当时物理学迅猛发展的影响，人们认为胃的消化与牙齿一样，都是在压力的作用下磨碎食物的。直到近代化学的奠基人海尔蒙特[①]提出"生命的本质是化学变

---

① 海尔蒙特（Jan Baptista van Helmont，1580—1644），比利时化学家、生物学家、医生，是炼金术向近代化学转变时期的代表人物。他所做的柳树实验证明了植物来源于水这种"元素"，在生物学研究上具有重要意义。

化，生理现象可以用化学过程来解释"，科学家们才开始意识到食物在消化道内的消化可能是通过复杂的化学过程把食物分解为小分子的过程。

1783年，已过五十岁的斯帕兰札尼做了一个非常巧妙的实验，他证实了胃内可以进行化学性消化。他将食物装在带有小孔的金属球中，然后让鹰吞下去，这样胃部就不能再磨碎食物了。过一段时间后他把小球取出来后却惊奇地发现，小球里的肉块消失了！因此，斯帕兰札尼推测，动物的胃里可能存在能够消化食物的液体，这些液体中含有能够帮助食物消化的化学物质，也就是说，胃部还存在化学性消化。

斯帕兰札尼还首次进行了人工消化实验，他把鸟的胃液提取出来以后与肉类或种子混合再装进瓶子中，再把瓶子放在自己腋下保温三天左右，他发现装进瓶子里的物质开始慢慢变成液体了。由此，他把这些具有消化能力的液体称为消化液。

斯帕兰札尼认为消化液中含有某些能分解食物的化学成分，消化也就是消化液分解食物的过程。同时，斯帕兰札尼还发现消化速度不仅与食物的性质和消化液的量有关，还与温度有关，动物和人体的体温是最合适进行化学消化的温度。斯帕兰札尼还提出，肠道分泌物可能会完成整个消化过程。不过，由于当时实验条件和方法的限制，他并不知道胃液中究竟哪些物质参与了消化。

直到五十多年后，德国生理学家施旺从胃液中提取了消化蛋白质的物质，人们才揭开了胃部化学消化的奥秘，这种物质就是后来我们知道的胃蛋白酶。从斯帕兰札尼在当时所得到的实验结论来看，消化速度与食物性质、消化液多少、温度高低等因素有关，也证明了酶的催化作用具有专一性，催化速度与酶的浓度有关，在最适温度下，酶的活性最高。

■ 夜观蝙蝠的老爷爷

在人生的最后十年里，斯帕兰札尼突然对夜行动物如何寻路和捕食感兴趣，他很好奇蝙蝠为什么可以在完全黑暗的夜晚飞行自如。

1793 年，已经是六十四岁的斯帕兰札尼对科学研究的兴趣和热情一点也没有减退。他发现了一个很好玩的现象：鸟类活动时大都离不开光，哪怕是习惯在黑夜中活动的猫头鹰，也需要微弱的光芒。但是，只有蝙蝠好像不需要眼睛，可以在真正的黑暗中来去自由。

在夏天的一个夜晚，斯帕兰札尼用蝙蝠做实验，希望了解蝙蝠在夜间能自由飞翔并且还能捕食的原因。其实在实验开始之前，斯帕兰札尼已有了自己的假设，他觉得蝙蝠之所以在夜间还能够行动自如，是因为蝙蝠的眼睛更适应夜间的环境，它的眼睛比其他动物更为敏锐。为了验证这个假设，斯帕兰札尼刺瞎了蝙蝠的眼睛，期待看到蝙蝠在空中晕头转向跌跌撞撞的样子，可是结果却大大出乎了他的预料。失去视觉的蝙蝠展翅飞向夜空，看起来十分轻松自如，与失去视力之前没有什么不一样。几天之后，斯帕兰札尼捕获到几只瞎眼的蝙蝠并解剖了它们，发现它们的胃里塞满了昆虫的遗骸。

这究竟是怎么回事呢？斯帕兰札尼心想，会不会是蝙蝠的翅膀有什么特别之处呢？于是，他在蝙蝠的翅膀上涂上油漆，结果蝙蝠的夜行和捕食活动依然没有受到影响。这些结果都太让人意外了。斯帕兰札尼以一贯的认真态度继续试验了其他的感官，这次，他尝试着堵住了蝙蝠的耳朵，然后在夜晚放飞它们，结果这次蝙蝠失去了飞行的能力。最终斯帕兰札尼得出结论，他认为蝙蝠是依靠听觉辨别方向、识别障碍物的。

动物能用耳朵看吗？在当时的人们看来，这个实验结果实在是太奇特了，大家都不敢相信，致使后来这个问题慢慢地被人们遗忘了。一直过了一百多年以后，由于对超声波认识的进展，这个问题才得到回答。

耳朵是听觉器官，负责接受声波。蝙蝠可以通过高频率的超声波折返情况，判断周围有没有障碍物。那超声波是如何发出的？随着物理学的发展，科学家经过不断的实验进一步证实，蝙蝠是利用超声波在夜间导航，蝙蝠的喉头会发出人类听不到的高频声波，声波直线传播，在碰到障碍物的时候就会返回，蝙蝠的耳朵接收到返回的超声波信号，就能判断出前方物体的距离和方位，从而引导它们飞行和捕食。

超声波的这一原理现在已经被广泛地应用在航海、导航和医疗仪器当中，极大地改变了人类的生活，而斯帕兰札尼作为第一个注意到蝙蝠定位问题的科学家，他的贡献无疑是巨大的。

斯帕兰札尼

拉马克

Jean-Baptiste Lamarck

姓　　名：让·巴蒂斯特·拉马克（Jean—Baptiste Lamarck）

出 生 地：法国皮卡第

生 卒 年：1744—1829

主要贡献：分类学家，生物进化论的奠基人

主要著作：《法国植物志》《无脊椎动物分类系统》《动物学哲学》

18 世纪的法国人拉马克是最早提出生物进化理论的生物学家。他认为"用进废退"与"获得性遗传"这两个法则，既说明了生物产生变异的原因，又说明了生物适应环境的过程。他的这一见解直接影响了达尔文的生物进化论。

■ 落魄贵族的军旅生活

1744 年 8 月 1 日，在法国北部，一个没落贵族的家庭迎来了他们的第十一个孩子，这个可爱的小男孩就是让·巴蒂斯特·拉马克，因为是家中最小的一个，所以父母对他极尽宠爱。

18 世纪中叶以后，欧洲发生了多次战争，法国几乎每次都参与其中，因此，拉马克家族的大多数男性都在军队服役过，小拉马克的大哥还在围攻贝亨奥普佐姆①的战斗中牺牲了。深受家族传统的影响，拉马克从小的梦想就是有朝一日能够征战沙场。但是，拉马克的父亲希望他能远离战争，过上安定的生活。那个时代，教会的工作能够为贵族提供稳定的收入，而且当时拉马克家中孩子众多，难以抚养，于是父亲就把小拉马克送到了亚眠②的神学院，希望他能成为一名牧师。

拉马克十七岁时，他的父亲也在战争中牺牲，家中失去了顶梁柱。悲痛之余，拉马克勇敢地向母亲提出要去参军，他从一位有威望的邻居那里求得介绍信后，骑着一匹瘦马直奔军队的驻扎地，加入了战斗。看到稚气未脱且瘦弱的拉马克，军队的指挥官并不是很满意，但仍然接纳了他。

---

① 贝亨奥普佐姆（Bergen op Zoom），荷兰泽兰地区的一座城市。

② 亚眠（Amiens），法国北部城市，索姆省省会。

在战斗中，拉马克表现出了极大的胆识和勇气，很快他就被提拔为上尉。但是，拉马克的军旅生涯，并没有如他期望的那样顺利。因为战争中他受了大大小小的伤，积劳成疾，而军队的医疗条件却很有限，拉马克不得不回到巴黎接受更好的治疗。

■ 与大师的萍水相逢

结束了五年的军旅生涯。退伍后拉马克每年只能领到四百法郎的抚恤金，生活很窘迫。

为了生计，他开始在巴黎一家银行当小职员，但他并不是很喜欢这份工作。工作之余，拉马克喜欢研究气象和天文。在当时的社会环境，医生是很受尊重的，在哥哥的劝说下，拉马克进了医学院，开始学医。可是，拉马克觉得这仍然不是他理想的职业。

正当拉马克在人生徘徊不定的时候，一位良师及时来到了他的身边，使他对植物学有了特殊的爱好，为他以后成为博物学家奠定了基础。这位良师便是法国大革命时期的重要人物，著名的启蒙思想家、哲学家卢梭[①]。卢梭对拉马克的成长起了巨大的作用。

1768 年的一天，拉马克像往常一样去公园散步，他喜欢观察一些珍稀的植物。正当他聚精会神地观察一种不知名的植物时，旁边的一位长者也在仔细观察着这些植物。拉马克感觉老者与自己兴趣相投，就攀谈起来，没想到两人相谈甚欢。拉马克见这位老者谈吐不俗，有心想向

---

① 让-雅克·卢梭（Jean-Jacques Rousseau，1712—1778），18 世纪法国著名的启蒙思想家、教育家、文学家，对浪漫主义文学流派的开创和法国启蒙运动做出重要贡献。著有《社会契约论》《爱弥儿》《忏悔录》《新爱洛伊丝》《植物学通信》等。

他进一步请教，于是询问老者的尊姓大名，以便有机会可以登门请教。当老者说出自己名字的时候，拉马克万万没想到，他竟然是鼎鼎大名的卢梭，实在太意外了。他赶紧站起来恭恭敬敬地向卢梭鞠了一躬。很快，二十四岁的拉马克与五十六岁的卢梭成了忘年之交。

此后，卢梭经常和拉马克一起散步、采集标本，有时还带他去实验室，向他介绍自己的科学研究。逐渐地，拉马克不再迷茫，从此专注于生物学的研究。后来，拉马克进入卢梭的研究室工作。在那里，他一心钻研植物学，真正找到了对上自己胃口的工作。在卢梭的影响下，拉马克踏上了科学研究的征途，这是他生命中一个重要的转折点。

就这样，从医学院毕业后，拉马克没有当医生，而是选择了自己的爱好，他一头"钻进"了植物学界。著名植物学家德·朱西厄[1]也很赏识拉马克，还收他为徒，悉心指导。

经过十多年的辛勤努力，在三十四岁那年，拉马克完成他自己的第一部著作《法国植物志》，全书共分为三卷。出版后，这本书就受到很多学者的认可，当时法国顶级科学家布丰也对他的才华赞许有加。拉马克在植物学界初露头角。

随着拉马克锋芒渐显，1779年拉马克被推选为法国科学院的会员。两年后，拉马克以皇家植物学家名义与布丰的儿子一起出国考察植物园和博物馆。历时两年的考察中，他们经过欧洲许多国家，并在德国、匈牙利、荷兰、奥地利采集了大量植物标本。这次旅行使拉马克大大开阔了眼界，增进了知识。他在考察途中观察到各种植物变异的情况，萌生了进化的观念。

1789年，拉马克正式担任皇家植物园标本室主任。在皇家植物园工作期间，虽然薪金菲薄，但他从不在乎。拉马克对植物学的研究孜孜

---

[1] 安托万·罗兰·德·朱西厄（Antoine Laurent de Jussieu, 1748—1836），法国著名植物学家，最早将显花植物系统分类。

不倦，他的第二本植物学巨著《植物学辞典》，就是在这期间完成的，后来被收录到了法国百科全书中。

法国大革命爆发后，拉马克将皇家植物园换了一个名字——巴黎自然历史博物馆，这个名字看上去与国王和皇家没有任何关系。正是拉马克这一举措，使植物园在战争中得以保存下来，为后人提供了很多科学研究的资料。

调整后的自然博物馆增设了多个研究部门，还开设了许多讲座。由于缺少负责动物学讲座的教授，拉马克毅然放弃了自己擅长的植物学，改行研究起低等动物。那时他已经五十岁了，可是探究新领域的热情并没有减退。"钻进"动物学界的八年后，拉马克出版了《无脊椎动物分类系统》，在这本书中，他第一次把动物分成脊椎动物和无脊椎动物两大类，开创了无脊椎动物学。

在动植物分类学的研究中，拉马克对于生物进化问题思考更加深入。在《无脊椎动物分类系统》的序言中，他第一次阐述了生物进化的观点。

■ 提出物种起源论的第一人

经过亿万年的演化，我们人类生活的地球，已是一个生物遍布、蓬勃生长的绿色星球。人们在珍视地球和生命之美的同时，始终想知道：地球上的动物、植物和微生物为什么会有那么多的种类？人类和这些生物又是从哪里来的？

古希腊时期，学者们认为生命最初由海中软泥产生，自然界的形成经历了由无生命的物质演化成植物，再进展到动物的渐进过程。中世纪，西方基督教把世界万物描写成上帝的特殊创造物，这就是"神创论"，他们表示整个自然界被创造出来是为了彰显造物主的荣耀。

随着科学的发展，人们对于神创论的解释愈发怀疑。从文艺复兴到18世纪，是近代自然科学形成和发展的时期，这个时期"不变论"在科学界占统治地位。这种观点认为地球由于所谓第一推动力而运转起来，以后就永远不变地运动下去，生物物种本来是这样，以后也是这样。

大航海时代，各种科学考察和探险活动极大地开阔了人们的视野，丰富了人们对动植物及其生存环境的了解。而且，地质学、古生物学、解剖学、生理学、胚胎学等也取得了巨大的进步，这些都为进化思想的产生提供了沃土。到18世纪下半叶，康德的天体论首先在"不变论"的观点上打开了第一个缺口。随后，"转变论"的自然观就在自然科学各个领域中逐渐形成。

就在这一时期，博学多识的拉马克发挥了非凡的理论思维能力，通过对动植物材料的大量观察和深入研究，在1801年一次无脊椎动物讲授中，他首次阐述了生物进化的观点。拉马克是公认的提出系统进化论的第一人。

起初，拉马克是物种不变论的支持者，但是在由植物学转到研究软体动物之后，他逐渐认识到自然界的生物是随着环境改变的。在研究长颈鹿时，拉马克认为，长颈鹿的进化是因为草地退化后要吃树上的叶子，在吃树叶时颈长的有优势，于是天天使劲地将颈伸长，终于形成了现在的长颈鹿。拉马克认为，器官用得越多就越发达，器官废而不用，就会造成形态上的退化。如鼹鼠长期生活在地下，眼睛就萎缩、退化，也就是"用进废退"。

六十五岁这一年，应该是拉马克极不平凡的一年，他的巨著《动物学哲学》历时六年出版了，这是人类历史上第一次系统地阐述进化理论。在这篇巨著里除了"用进废退"，他还提出了"获得性遗传"的法则，并且明确指出这两个法则导致了生物变异，也就是生物适应环境的过程。拉马克认为生物个体在生活过程中，受外界环境的影响，会产生适应环境的性状变化，并且还能够把这些性状遗传给后代。他强调外界环境条件是生物发生变异的主要原因，并对生物进化有巨大推动作用。

拉马克详细地向世人阐述了他的进化理论。核心内容就是地球上所有的生物都不是神造的，而是由更古老的生物进化来的；生物是从低等到高等逐渐进化的；生物各种适应性特征的形成都是由于用进废退和获得性遗传。这些理论观点也被称为拉马克主义（Lamarckism）。

当然，拉马克的理论经不起现代遗传学的推敲，这主要是受到当时科学发展水平的限制。正如恩格斯[①]说的那样："我们不应该忽视，在拉马克时代，科学还远没有掌握充分的材料，以便能够对物种起源的问题做出并非预测式的答案。"但是，他敢于挑战权贵，首次从生物与环境的关系方面探讨生物进化的动力，为以后生物进化论的发展奠定了基础。

《动物学哲学》发表的那一年，恰巧是达尔文诞生之年。五十年后，达尔文在他的《物种起源》的开篇就对拉马克的思想给予了高度的肯定，他称"拉马克是提出物种起源见解的第一人"，并且在书中多次引用拉马克的用进废退和获得性遗传观点。

■ 与失意人生的不屈抗争

拉马克一生坎坷，无论事业还是家庭都有许多不如意的地方。在还没成年的时候，父亲就去世了，长大后先后经历三次婚姻，每次都以爱

---

① 弗里德里希·恩格斯（Friedrich Engels，1820—1895），德国哲学家、思想家、革命家，马克思主义创始人之一。著有《自然辩证法》《家庭、私有制和国家的起源》《反杜林论》等。

人的去世告终。在他生活的时代，教会依然有着很大的权威，那时很多科学家都是虔诚的教徒。当时主流的观点仍然是世间万物是由上帝创造的，物种是永恒不变的。可想而知，当拉马克提出进化论观点时，教会的权威被挑战，他必定会遭到极大的打击。

拉马克的进化论与教会奉行的"不变论"格格不入。当时，教会势力和法国大资产阶级政权相互勾结，因此，拉马克不但没有受到应有的尊重，他的进步理论也没有得到足够的支持和重视。巴黎大主教拿着拉马克的书去找拿破仑①，要求皇帝对这个亵渎"上帝"和《圣经》的人予以严厉的制裁。拿破仑知道，拉马克在法国的科学界有相当的名望，不能随便地处置他。但是，又不能无视教会提出的要求。于是，拿破仑希望拉马克能够发表一个公开声明，愿意收回著作中一切违背"上帝"和《圣经》的言论。拉马克一口回绝了，他仍然坚持自己的观点。拿破仑勃然大怒，命令法兰西科学院立即停发拉马克所应享受的一切待遇。

拉马克的教授职务被解除，还失去了经济来源。但是，面对教会和权贵的威胁，拉马克依然坚定地捍卫着自己的理论，尽管名利尽失，还遭遇贫困和疾病，但拉马克并没有后悔。他不改初心，坚持真理，与当时"不变论"的支持者进行着激烈的斗争。虽然受到打击和迫害，拉马克却说："科学能给予我们真实的益处，还能带来最温暖、最纯洁的乐趣，忘却生活中的苦恼。"

拉马克失去经济来源以后，不得不从巴黎市区搬到东郊的贫民区居住，他只能像普通的退休老人一样，领取微薄的养老金来维持清贫的生活。

由于长期受着病痛的折磨，加上总是在显微镜下观察标本，1819

---

① 拿破仑·波拿巴（Napoléon Bonaparte，1769—1821），即拿破仑一世（Napoléon I）。19世纪法国伟大的军事家、政治家，曾任法兰西第一共和国第一执政，后建立法兰西第一帝国，并加冕称帝。

年，拉马克不幸双目失明。在生命最后的十年，也是最艰难困苦的十年里，他在女儿柯丽亚的帮助下，继续顽强地工作，完成了他的另外两部重要论著《人类意识活动的分析》和《无脊椎动物的自然历史》。

1829年12月8日，拉马克久病之后在巴黎与世长辞。他去世时家里十分贫困，甚至需要向科学院申请资助。他的女儿因为买不起埋葬父亲的长期墓地，只好租用了一块只有五年使用权的墓地。到期之后，这位伟大学者的遗骨又被挖出来埋到了公共墓地去，以致后人想凭吊这位伟人，竟找不到他的墓！

虽然这个没有赢得世人掌声的巨匠一生都笼罩着悲剧的色彩，但是在生命科学发展的历史长河中，他的智慧、他的思想、他曾为生物进化论做出的贡献却无法被掩盖，至今仍熠熠生辉。1909年，为纪念拉马克的名著《动物学哲学》出版一百周年，巴黎植物园为他建立了铜像，以缅怀这位伟大的进化论先驱。铜像底座上刻着他女儿的一句话："您未完成的事业，后人总会替您继续的，您已取得的成就，后世也总该有人赞赏吧！爸爸。"

拉马克雕像

詹 纳

Edward Jenner

姓　　名：爱德华·詹纳 (Edward Jenner)

出 生 地：英国格洛斯特郡伯克利镇

生 卒 年：1749—1823

主要贡献：免疫学之父，发明牛痘接种疫苗法

主要著作：《天花疫苗之因果调查》

对于人类而言，免疫接种是面对大规模传染病最有效的方法。18世纪英国的詹纳便是这种方法的首创者，他通过对自然现象的仔细观察，发现了牛痘与天花之间微妙的联系，通过严谨的试验证明了接种牛痘对天花的预防作用，拯救了数百万人的生命；他还开创了"疫苗"和"病毒"等医学专有名词，并沿用至今。詹纳是现代免疫学的奠基者。

■ 小镇上的名医

塞文河是英国境内最长的河流，格洛斯特城就坐落在它下游的东岸，城内的大教堂是后来的著名电影《哈里·波特》中霍格沃茨魔法学校的取景地。1749年，爱德华·詹纳就出生在这座小城的伯克利教区。詹纳家中一共有九个孩子，他排行第八。五岁的时候，詹纳的父亲就过世了，当牧师的哥哥把他抚养长大。小时候的詹纳体格健壮、性情温和，学习成绩也非常好。他对大自然有着浓厚的兴趣，大部分时间都在塞文河周围寻找化石，收集一些动植物标本。他对自然史和动物学的兴趣，为他后来理解疾病在人类与动物间跨物种传播提供了很大的帮助。

家人希望詹纳长大后，也能像哥哥一样成为优秀的牧师。那时的英国，天花肆虐，很多人因此丧命。看了身边太多的悲剧，十三岁那年，詹纳违背家人的意愿，郑重地宣布了自己的理想："我要学医"，他立志要攻克天花。

当时家里经济拮据，无法负担医学院高昂的学费。十四岁时，詹纳只好进入当地的医院做学徒，跟着内科医生边工作边学解剖。在长期的实践中，詹纳的内科技术比起老师来也毫不逊色。

八年后，詹纳自己有了一点经济基础，便结束了学徒生涯，前往伦敦圣安德鲁斯大学①继续学医，成为约翰·亨特②的首批学生之一。在大学里，詹纳系统地学习了解剖学等医学知识。亨特是一位善于启发和鼓励学生的优秀老师，每当詹纳在科学研究上遇到问题时，亨特都建议他要善于通过实验去解决。直到去世前，亨特还一直与詹纳保持着书信联系，他严谨的科学态度对詹纳产生了深远的影响。

亨特曾经推荐詹纳到海上探险队出任工作待遇不菲的博物学家，然而詹纳却婉言拒绝了。他更渴望做一名医生，为人们解除病痛。取得学士学位后，詹纳回到故乡伯克利小镇，当了一名乡村医生。回乡后，因为很多次攻克疑难杂症，詹纳在小镇内声名鹊起。

四十多岁时，詹纳已经成为格洛斯特郡内一位颇有名望的医生。他还被举荐成为格洛斯特医学学会的会员，经常参加学术研讨，医学造诣越来越深。1789 年，詹纳又被选为皇家学会的成员，在这里他获得了更多与同行交流的机会。

■ 天花的克星，终于找到了！

天花是由天花病毒引起的，它曾是人类最常见、致死率最高的烈性传染病之一。在医学不甚发达的时代，患天花的人全身长满水泡状的丘

---

① 圣安德鲁斯大学（University of St Andrews），建于 1413 年，是苏格兰最古老的大学，也是英语世界中继牛津大学与剑桥大学后，历史最为悠久的顶尖名校。先后培育了六位诺贝尔奖得主以及英国国王詹姆斯二世、查尔斯三世和法国政治家马拉等著名政治家。

② 约翰·亨特（John Hunter，1728—1793），英国病理解剖学的奠基人，提倡研究和实验的早期学者。有《人类牙齿的自然史》《性病论》《论血液、炎症和枪弹伤》等著作。

疹，发脓溃烂，直至引发死亡，侥幸活下来的人脸上也会留下永远无法除去的疤痕，长成"麻子"脸。

从五千年前的古埃及王朝起，疯狂传播的天花病毒就不断制造着灾难，天花病毒的肆虐使古罗马帝国走向衰落。16世纪末，随着西班牙殖民者踏入美洲大陆，天花病毒也随之而来，当地的印第安人由于第一次遭遇天花，一些部落的死亡率竟然高达90%。如此高的死亡率，甚至超过了历史上著名的欧洲黑死病①，流行病学家把它称之为"印第安人大灭绝"。就连法国国王路易十五也是因为患上天花去世的。面对可怕的天花，人们十分惶恐。由于无药可治，只能依赖人体的自身抵抗力，所以当时死于天花的大多是妇女儿童。天花也被称为"人类史上最大的种族屠杀"。

面对这场"屠杀"，人类难道真的一点办法都没有吗？在不断摸索和日积月累中，世界各地的人们都在寻找抵御天花的方法。10世纪前后，中国的民间医生发现，如果一个人得过天花痊愈后，这个人日后就不会再得。于是，人们创造出一套"以毒攻毒"的治疗手段，就是在健康人没有患天花之前，用天花患者痘痂制成的浆，蘸取塞入到被接种对象的鼻孔，以此引发起痘，达到预防接种的目的，这就是人痘接种术。

到16世纪的明代隆庆年间，人痘接种已经在中国盛行。当时宁国府（今安徽宣城）太平县天花流行，当地医生就是通过人痘接种术预防天花的。到了清朝康熙年间，对天花预防更加重视，接种人痘变得十分普遍，也使当时中国的人痘接种术远近闻名，并传至西方。17世纪，俄国人专门派医生来中国学习人痘接种术，之后这种方法又通过俄国人传到土耳其，随即传入英国和欧洲各地。到18世纪中叶，人痘接种术

---

① 黑死病（Black Death），即人们现在所称的鼠疫，是广泛流行于野生啮齿类动物间的一种自然疫源性疾病。14世纪，黑死病曾席卷整个欧洲，夺走上千万人的性命。

已传遍欧亚大陆。

詹纳在行医的时候，也不断地尝试使用这种方法预防天花。有一次，他听说挤牛奶的女工，在得过牛痘后就不会再感染天花了。于是，爱德华·詹纳萌生了用牛痘接种代替人痘接种，以预防天花的想法。

牛痘是一种由牛天花病毒引起的人畜并患病，它和人天花病毒的亲缘关系比较接近。但是人感染了牛天花病毒以后，只会产生轻微不适。那么，感染牛痘之后，人真的就具有抗天花的免疫力，不会感染天花了么？

四十七岁生日的那一天，詹纳的诊室里聚集了很多人，但却不是来为他庆祝生日的，好奇的人们是来看他进行牛痘接种试验的。

屋里的椅子上坐着八岁的男孩詹姆斯·菲普斯，挤牛奶的姑娘萨拉·尼姆斯在他的身边。尼姆斯在几天前接触了患牛痘的奶牛，手指上生了一个牛痘脓包，詹纳从她的痘痂中取出了一些黄色的脓浆，接种到菲普斯皮肤的破损处。三天后，菲普斯手臂接种的位置出现了小脓疱，到第七天时，淋巴结肿大，第九天出现低烧。但是，不久后那些小脓疱就结痂了，菲普斯恢复了健康。

七周以后，詹纳鼓足勇气，给菲普斯接种了天花患者的脓液。接下来，他提心吊胆地观察着男孩的反应，生怕孩子会患病。但是，几周时间过去了，菲普斯安然无恙。

男孩在接种牛痘康复后再接触天花病毒，竟然没有染病。詹纳的牛痘接种实验成功了，这足以证明接种过牛痘的人会产生抵抗天花的能力。天花的克星，终于找到了！

接下来，詹纳从患病的牛身上取脓液或痘痂作为接种物，都取得了很好的效果。牛痘对人类来说是一种温和的疾病并不会导致死亡，接种牛痘相对于接种人痘更有优势。同时接种牛痘的人不具有传染性，因此接种后不需要再隔离。

随后的两年里，詹纳对这一试验进行了多次重复和详细的调查。他将这些年来做的试验和调查做了总结，在 1798 年出版了《天花疫苗之因果调查》，向全世界公布了用牛痘代替人痘接种的新发明。在这本书中，詹纳将接种牛痘以预防天花的过程称为"疫苗"（vaccination，牛痘的拉丁文是 vaccinia）。

事实上，詹纳并不是第一个进行接种牛痘的人。然而，他是第一个用严谨的科学实验进行验证的人，也是第一个进行了科学调查的人。他将调查的对象分为两组，一组感染牛痘的人，为暴露组，假设他们对天花感染有免疫力。另一组，是同时期没有感染过牛痘的人，作为非暴露组，假定容易感染天花。然后，詹纳观察和调查两组人感染天花的情况。将两组结果进行比较后，他推断感染牛痘是安全的，并可有效防止感染天花。

到 19 世纪，大多数欧洲国家都已经开始采用牛痘接种预防天花。

在医学史上，詹纳是尝试使用疫苗控制传染病的第一人，这在人类发展史上也是一件具有里程碑意义的事件。

■ 生前半生"恶名"，身后百年荣耀

其实，1797 年詹纳就已经撰写完成了《天花疫苗之因果调查》，他没有直接出版，而是先呈交给了英国皇家学会，或许是那些有名望的科学家们对这位不起眼的乡村医生不够信任，他的论文被拒绝发表。一年后，詹纳只好自费非正式出版了这本书，然后，他又陆续发表了《牛痘接种的进一步观察》和《牛痘接种的继续观察与发现》等文章。

《天花疫苗之因果调查》的出版在当时引起了轩然大波，大家褒贬不一。开始，很多人不相信，尤其是英国皇家医学会认为他是个骗子，英国民间也对注射牛痘很惊恐，传言人会长出牛的肢体。有人讽刺道：

当时的讽刺漫画，接种牛痘后人会长出牛的肢体

"给人接种牛痘，人的头上岂不是要长出角，发出牛的叫声吗？"教会中也有人指责："接触牲畜就是亵渎造物主的形象。"格洛斯特医学会里那些曾经的同事们，还攻击詹纳践踏了希波克拉底[①]的医生誓言，要开除他的会员资格。

虽然质疑之声不断，但仍有人受詹纳启发，开始进行牛痘接种实验。伦敦的医生乔治·皮尔逊就非常认可牛痘接种，他找到了三名感染牛痘但未曾感染天花的男子，还有两名从未感染过天花和牛痘的志愿者。然后，医生给他们都接种了人痘。结果与詹纳所描述的完全相同，感染过牛痘的人没有患天花，而两个无感染史的"对照"则患上了天花。

还有医生通过实验证实，接种牛痘的人可以将牛痘传染给未被感染的奶牛，然后再由奶牛传染给人类，这为牛痘接种提供了新的来源。这

---

① 希波克拉底（Hippocrates，前460—前370），古希腊伯里克利时代的医师，被西方尊为"医学之父"，西方医学奠基人。他的医学观点对以后西方医学的发展有巨大影响。"希波克拉底誓言"是警诫人类遵循职业道德的圣典。

些研究都进一步证实了詹纳的发现，并且确立了大范围接种牛痘的可行性。

虽然牛痘接种法在英国遭到嘲讽，但英国之外的国家却如获至宝，纷纷尝试詹纳的实验，短短十年内，牛痘接种术迅速传播到整个欧洲和美国。

拿破仑知道接种牛痘的好处后，将自己的孩子和军队全都进行了牛痘接种。英法战争爆发后，有两名英国平民被当作战俘被法国扣押，众人希望拿破仑能释放无辜的平民，并联名签署了呼吁书。就在拿破仑打算驳回呼吁的时候，他发现了签名中有詹纳的名字，就答应了请求，拿破仑说：詹纳是我不能拒绝的人类最伟大的恩人之一。

拿破仑对牛痘接种的重视吸引了各国医生来到巴黎，目睹了牛痘的接种效果后，他们将这种方法传往世界各地。美国总统杰斐逊[1]给詹纳写了一封信："人类永远铭记你的功绩。我们的后代只会从历史书上知道曾经有过这么一种可恶的病叫天花，但被你消灭掉了。"

看到这样的结果，英国人也幡然悔悟，两次以国会的名义，为詹纳颁发了巨额奖金。詹纳将自己的研究成果无偿地推广给大家，并把奖金绝大部分都送给了菲普斯——那个自愿接受詹纳试验的男孩一家，感谢他们的勇气和牺牲。

人类自从普遍接种牛痘以后，天花的发病率明显下降。1979 年 10 月 26 日，世界卫生组织正式宣布，天花，这个曾经夺走亿万人生命的恐怖病毒，已经完全从地球上消灭。

人类应该感谢詹纳，是这位普普通通的乡村医生发明了牛痘接种法。是他的坚持和无畏守住了人类对抗天花的重要防线，最终让人类取

---

[1] 托马斯·杰斐逊（Thomas Jefferson，1743—1826），美利坚合众国第三任总统，同时也是美国《独立宣言》主要起草人，美国开国元勋之一，与华盛顿、富兰克林并称为美利坚开国三杰。

得了胜利。同时，詹纳的牛痘接种术也开辟了一个全新的领域——免疫学，他被尊称为免疫学之父。詹纳背负着半生的恶名，但却迎来了身后数百年的荣耀，这都是缘于他在攻克天花病毒道路上的坚持不懈。

毫无疑问，詹纳关于牛痘的发现为今天免疫接种奠定了基础。詹纳之后的近一百年，路易斯·巴斯德才研制出另一种疫苗——狂犬疫苗，又过五十二年，才发现了第一种有效的减毒活疫苗①——黄热减毒活疫苗。直到 1954 年，对减毒脊髓灰质炎疫苗进行现场试验之后，严格的双盲试验②才成为评价疫苗效力的理想标准。这是人类医学史上非常重要的一步，爱德华·詹纳就是这条道路上最伟大的拓荒者。

---

① 减毒活疫苗，病原体经过各种处理后，发生变异，毒性减弱，但仍保留其免疫原性的一种疫苗。属于第二代疫苗。

② 双盲试验，指试验者和参与者都不知道哪些参与者属于对照组、哪些属于试验组的一种试验方法，以减少参与者有意识或下意识的个人偏爱对试验的影响。

达尔文

Charles Robert Darwin

姓　　名：查尔斯·罗伯特·达尔文 (Charles Robert Darwin)

出 生 地：英国施鲁斯伯里 (Shrewsbury)

生 卒 年：1809—1882

主要贡献：生物进化论的奠基人

主要著作：《物种起源》

1809 年，拉马克发表了奠定其"进化论创始人"地位的《动物学哲学》一书。巧合的是，这一年的 2 月 12 日，英国的施鲁斯伯里小镇诞生了一个婴儿，他就是后来使生物进化论发扬光大的查尔斯·罗伯特·达尔文。他的以自然选择位核心的生物进化理论开辟了生物学发展的新纪元，引发人类思想的巨大变革。

■ 医学世家中"不务祖业"的孩子

　　达尔文家族是一个有着辉煌成就的医学世家，五代都是科学界的名人，达尔文的祖父、父亲以及他的三个儿子和一个孙子，共七个人都是英国皇家学会会员。祖父不仅是一位成功的医学博士，也是著名的诗人、植物学家。父亲罗伯特也是医术超群，在当地是一位非常有名望的医生，既有社会地位又有可观的收入。但是，达尔文在小的时候并没有显露出什么过人之处，在大人眼中小达尔文是个贪玩的孩子。他经常在院子里玩耍，捉甲虫和田鼠，把它们装进罐子里，还热心于收集化石，观察昆虫、鸟类。以至于老师认为他的智力平平，可能还不如一般孩子的水平。父亲甚至斥责他说："你除了打猎、玩狗、抓老鼠，别的什么都不管，你将会是你自己和整个家族的耻辱。"

　　父亲特别希望他能够继承祖业，成为一名医生，于是十六岁时达尔文被送到爱丁堡大学①学医。

　　爱丁堡大学是英国最古老和最著名的大学之一，祖父和父亲都曾在

---

　　① 爱丁堡大学（The University of Edinburgh），坐落于苏格兰首府爱丁堡，创建于 1583 年，是英语国家中第六古老的大学，享有"北方雅典"的盛名。迄今培养了二十多位诺贝尔奖获得者以及众多的哲学家、学者和政坛领袖。

这里学习医学。但是，达尔文对医学毫无兴趣，尤其是手术时病人的痛苦和血淋淋的场景使他感到很不舒服。他无意学医，所以在医学院里他仍然经常到野外采集动植物标本，还专门学习了动物标本的剥制技术。在研究标本的过程中，达尔文对自然历史产生了浓厚的兴趣。爱丁堡大学图书馆藏书非常丰富，为了自己的爱好，达尔文博览群书，据学校统计，他和表哥是全校借书次数最多的学生。

达尔文在学医的道路上毫无进展，而且还"不务正业"。父亲十分担忧他的前程，于是另作谋划，在达尔文十九岁的时候，父亲将他转入剑桥大学基督学院学习神学，希望他将来成为一位"尊贵的牧师"。他们一家都是虔诚的教徒，而且达尔文也从不怀疑上帝的存在。达尔文觉得当牧师有很多空余时间，可以继续研究自然科学，也是不错的，因此，他接受了父亲的建议到剑桥大学攻读神学。

在剑桥的三年里，可能是接受了在爱丁堡大学时的教训，达尔文在考试临近的时候，总是将重心放在学习上，最终以还算不错的成绩从剑桥大学毕业。其实达尔文对神学也是毫无兴趣，他在剑桥大学结识了著名的植物学家、甲虫专家约翰·亨斯罗（John Stevens Henslow），一下子就迷上了亨斯罗的博物学课，并成为亨斯罗的密友和家中常客，大家都戏称达尔文是"走在亨斯罗身旁的人"。

说起达尔文对甲虫的痴迷，有一个故事最为人津津乐道。1828 年的一天，在伦敦郊外的一片树林里，达尔文发现一棵老树。正在他围着树转悠的时候，他突然发现在要脱落的树皮下有虫子在蠕动，于是他急忙剥开树皮，发现两只奇特的甲虫正往外爬。达尔文立刻左右开弓将它们抓在两只手里，兴奋地观察起来。正在这时，树皮里又跳出一只甲虫，达尔文措手不及，情急之下他迅速把一只手里的甲虫塞进嘴里，腾出手去把第三只甲虫抓了过来。看着原来从没见过的甲虫，达尔文爱不释手，专心地观察着。谁知，嘴里的那只甲虫却在这时排放出一股辛辣的毒汁，弄得达尔文的舌头又疼又麻。达尔文赶紧张口把它吐到手里，然后带着满嘴的"不是滋味儿"和三只甲虫，心满意足地回去了。后来，这种被他发现的甲虫新物种就被命名为"达尔文"。

达尔文把采集到的昆虫新品种及相关资料寄给昆虫学家史蒂芬斯（James Francis Stephens），其中一种蛾和十二种甲虫的标本被史蒂芬斯《英国昆虫图志》（Illustrations of British entomology）收录，这令他十分高兴。采集甲虫的习惯对达尔文一生的成功有很大影响。

完成剑桥大学的学业后，达尔文没有马上回家乡，而是追随地质学家塞奇威克①去威尔士进行地理考察。在这次野外科学实践过程中，达尔文得到了锻炼，为他后来的独立野外工作和深入的科学研究奠定了基础。

■ 名垂青史的环球之旅

结束威尔士考察两周后，达尔文回到家里，在亨斯罗的推荐下，他又参加了英国皇家军舰贝格尔号的环球考察。当时，英国海军计划派贝格尔号到南美海域考察，并到各地完成精确的测量，制作海图。舰长希望旅途中能有一位年轻的绅士作陪，于是想要招一名不付工资的博物学家，亨斯罗教授就推荐了达尔文。虽然达尔文的父亲竭力反对儿子参加这个旅程，认为这纯属是浪费时间。但是，一心梦想能有机会到热带地区做博物学研究的达尔文找来舅舅，帮忙劝说父亲，他这才得偿所愿地踏上了环球航行的旅程。1831 年 12 月 27 日，达尔文以博物学家的身

---

① 亚当·塞奇威克（Adam Sedgwick，1785—1873），英国地质学家。最先将古生代地质时期的第一个纪命名为寒武纪（距今约 5.42 亿年—4.85 亿年）。

份登上贝格尔号，从普利茅斯港出发。

贝格尔号的勘测计划原定只有两年，海上无常的风暴以及舰长的敬业使它的航期越拉越长。这对一些水手无疑是煎熬，但对达尔文来说，也许反倒是福气。测量船经过特内里费岛①，穿过大西洋到达南美洲，在南美洲东西海岸及附近岛屿就停留了三年多。然后横渡太平洋到达大洋洲南海岸，经过印度洋的许多岛屿，绕过非洲好望角，又回到南美洲的巴西海岸。1836 年 8 月，贝格尔号离开巴西海岸，经过非洲西面的一些岛屿回到英国，结束了历时五年的航行。

贝格尔号船体不大，是一艘老式的二桅军舰，但船舷显得很高，因此在海上颠簸得非常厉害，遇到大风浪的时候非常危险。在航行之初，这艘船就曾因为风浪的原因两次返航。达尔文在旅行中饱受晕船之苦，在刚刚出发时，他就因为晕船而昏睡了很长时间。但他克服了晕船和各种病痛的折磨，以及各种恶劣的自然条件的煎熬，在整个航行期间都顽强地坚持学习和工作。

在航行期间，达尔文欣赏到了各种各样的壮丽景象，采集到了许许多多有趣的动植物标本。他在巴伊布兰卡猎获到兀鹰、鸵鸟、南美豚鼠、犰狳等多种动物，还收集了大量珍贵的化石。在南美洲巴塔哥尼亚地区东南部，他采集到很多第三纪②贝壳。这次考察使达尔文获得了极为丰富的资料，也进一步培养了他对自然界敏锐观察和科学推理的能力。

达尔文力求将五年的所见所闻都真实准确地记录下来，他总共写了二十六本日记和许多书信。这些日记和书信，后来都成为达尔文研究工作非常有价值的原始资料，而且这也极大提高了他的写作技巧和

---

① 特内里费岛 (Tenerife)，是大西洋靠近非洲海岸的加那利群岛中最大的一个岛屿，属西班牙。

② 第三纪 (The tertiary period)，新生代最老的一个纪，距今 6500 万年至 260 万年，生物类别与中生代迥异，该世代标志着"现代生物时代"的来临。

表达能力。

加拉帕戈斯群岛①是达尔文这次旅程中最重要的发现。直到临终之时，达尔文都坚信，加拉帕戈斯群岛是他思想的起源。群岛是由巨大的海底火山喷发形成的，由十九个岛屿和周边附属小岛以及岩礁组成，形成的历史并不长。群岛位于太平洋东部赤道上，正处于寒暖洋流交汇处，使这里的海洋生物种类异常丰富。

一踏上加拉帕戈斯群岛，达尔文就被这里不同寻常的生态吸引了。他几乎走遍了群岛的每一个角落，采集了几乎能够采集到的所有标本。达尔文亲手剥制的大量标本中以鸟类居多，这些鸟类标本对于他的研究是最有意义的。

岛上成群结队的雀科鸣鸟给了达尔文最大的灵感。他发现一个有趣的现象，同一种生物在加拉帕戈斯不同的岛屿上都有很大的区别。最典型的就是地雀，大嘴地雀是查理士岛和查塔姆岛上特有的，其他岛上没有；勇地雀分布在查理士岛和詹姆士岛，而查塔姆岛上却没有；小嘴地雀只是在詹姆士岛上才有……以往的旅行家们居然都没有发现。开始达尔文也没注意，他根本没有想到距离很近的这些小岛上，地雀的鸟嘴会有那么大的区别，他曾经将各个岛上采集的标本都混在了一起，结果却让他大吃一惊。

加拉帕戈斯群岛的巨龟也吸引了达尔文的注意。这里的沙滩上总是有成群结队的巨龟漫游，事实上，"加拉帕戈斯"在西班牙语中也是龟的意思。达尔文同样发现，不同小岛上巨龟的龟壳区别也非常大，以至于岛上的副总督吹嘘说，他只要瞄一眼，就知道哪只龟是哪个岛上的。

---

① 加拉帕戈斯群岛 (Islas Galápagos)，即科隆群岛 (Archipiélago de Colón)，位于南美大陆以西 1000 公里的太平洋面上。1978 年，被联合国教科文组织世界遗产委员会列入《世界遗产名录》，遗产编号：1。

正是这些发现，在达尔文心里慢慢种下"生物是在不断进化"的种子。后来达尔文才知道，每一个岛屿物种的区别，并不是上帝设计创造的，而是地理隔离造成的。而且，新物种的出现也不只是为了填补旧物种绝灭后留下的位置，一个祖先物种到了新的地理环境，占据不同的生态空间后，因适应性辐射就可以进化出性状不同的物种。巨龟如斯，地雀亦然。

五年的航行考察改变了达尔文的生活。回到英国后，他一直忙于研究，立志成为一个推动科学深入发展的生物学家。离开加拉帕戈斯二十四年后，他的《物种起源》诞生，他晚年回忆道："贝格尔舰的航行是我一生中极其重要的一件事，它决定了我的整个事业。"

■ 解开物种起源的谜团

在达尔文生活的年代，"神创论"在学术界还占有统治地位，认为上帝创造万物。虽然拉马克对物种不变论提出了挑战，但是他的学说并没有获得大多数人的支持。达尔文在开始环球考察前还是一个物种不变论者，环球航行中，达尔文认真学习了著名地质学家赖尔[①]的《地质学原理》。同时，航行中发现的诸多现象都是"神创论"无法解释的，这极大地触动了他，达尔文逐渐认识到物种是在不断变化的。

五年航行结束之后，在大量的客观事实面前，达尔文认识到物种是可变的，物种之间是有承续性的。但一连串有关物种起源的问题，如生

---

① 查尔斯·赖尔（Charles Lyell，1797—1875），英国地质学家。在著作《地质学原理》中，他认为地壳结构是在各种自然力量的作用下逐渐演变而来的，这是地质学的进化观点。

物是怎样形成的？怎么逐渐变化的？又是怎样与各自生活条件形成美妙适应的？他还不能解释清楚，于是达尔文开始着手研究这些问题。

正当达尔文为物种起源问题困惑的时候，马尔萨斯①的《人口论》对他产生了很大的影响。通过长期对动植物的观察，马尔萨斯在书中提出了生存斗争的原则。这本书使达尔文想到，在生存竞争的条件下，强者获得生存的机会，弱者就可能消亡，其结果便会是一个新的物种的诞生。在《人口论》中获得灵感后，达尔文开始创建他的自然选择学说。

在这一灵感的指引下，达尔文继续不断地搜集资料。但是，为了避免出现偏见，他决定暂不写关于进化方面的论文。直到 1842 年，他第一次用铅笔完成了三十五页关于物种起源的提纲。达尔文为人谦虚谨慎，对待学问十分认真，他认为没有详细资料就发表作品是不科学的，因此写作进度十分缓慢。之后他又在生物性状的区别、适应性等方面进行了深入的研究，这使他的学说更趋于完善。

1844 年，他又把提纲扩展到二百三十页。至此他的学说虽已大体完成，但也并没准备立刻发表，主要是因为他想搜寻和积累更丰富的材料支持自己的理论。达尔文的病痛使其理论的出版延期不少，为此他还嘱托自己的夫人，假如他生前不能完成主要著作，希望在他身后，夫人能请几位朋友帮助整理发表这些手稿。而且当时教会势力和宗教偏见依然统治着人们的意识，他对发表自己的观点一直非常慎重。

1856 年，稍见好转的达尔文又全身心地投入写作中。1858 年的夏天，达尔文已经完成了《物种起源》的前十章，这时他突然收到了年轻

① 托马斯·罗伯特·马尔萨斯（Thomas Robert Malthus，1766—1834），英国著名的人口学家、政治经济学家、教士。他的人口理论认为，生活资料按算术级数增加，人口按几何级数增长，人类必须通过道德抑制与积极抑制的方法控制人口的增长。

学者华莱士①的信。华莱士当时正在马来群岛考察，他发现岛上生物分布的区别后，也想到了生物进化的问题，于是写了论文寄给达尔文征求意见。

读了华莱士的论文后，达尔文非常震惊，这篇论文中的观点与达尔文学说大体相同。达尔文心如死灰，甚至想把自己的稿子烧掉。虽然达尔文在"物种起源"的问题上已经深入了二十年，但他开始还想单独发表华莱士的论文，把这一发现的"优先权"让给华莱士。

赖尔和植物学家约瑟夫·胡克②是达尔文的朋友，他们熟知达尔文的研究工作，于是两个人建议达尔文把自己的原稿摘要和华莱士的论文同时发表。在他们的坚持下，达尔文最终同意了。于是赖尔和胡克联名把这篇"联合论文"推荐给林奈学会宣读并发表。

对于达尔文的这种处理方式，华莱士也深感满意，后来他还写了一篇题为《达尔文主义》的论文，表明是达尔文首先发现的"自然选择"理论。两篇论文同时发表，既说明自然选择学说是历史发展的必然产物，也体现了伟大的科学家宽广的胸襟。

但这两篇论文并没有引起多大的反响。这使达尔文意识到进化论的思想如果不用相当的篇幅、众多的事实加以论证，是很难被广泛接受和理解的。于是，达尔文又用了十三个月的时间，对他的第一份手稿进行修改。修改后的书稿命名为《物种起源》（全名《论依据自然选择即在生存斗争中保存优良族的物种起源》），在 1859 年 11 月 24 日正式出版。这本书很快引起了欧洲乃至全世界的轰动，彻底改变了人类社会和科学发展的进程，恩格斯将其与细胞学说和能量守恒定律并称为 19 世

---

① 阿尔弗雷德·拉塞尔·华莱士（Alfred Russel Wallace，1823—1913），英国探险家、地理学家、人类学家与生物学家。他创立了"自然选择"的生物进化理论。

② 约瑟夫·道尔顿·胡克（Joseph Dalton Hooker，1817—1911），英国植物学家。其著作《植物种类》是对植物分类的全面研究。

纪自然科学的三大发现。

■ 进化论与神创论之争

《物种起源》就像"一颗炸弹投到了神学阵营的心脏",使教会惊恐不已,他们畏惧人们对新思想的追求。《物种起源》问世初期,遭到教会人士以及保守的学者和社会活动家的极力反对,基督教阵营以"神创论"为信条,他们给达尔文的学说扣上了"亵渎圣灵"、有失人类尊严等帽子。

但还有一大批先进学者热烈拥护这一伟大著作,积极宣传达尔文的进化观点。他们意识到进化论打破了人们被长期禁锢的思想,它把人们从宗教的束缚中解放出来。这些学者们除了积极宣传,还将进化的思想融入各自科学的研究中,进而取得一系列的新成果,不仅捍卫了达尔文的进化论,还使其发扬光大。

在众多拥护者中,赫胥黎[①]应该是最忠实的一位。1860 年 6 月,英国科学促进会[②]在牛津大学举行年会,在这次大会上,赫胥黎与牛津大主教威尔伯福斯对生物究竟是神创还是进化产生的,进行了一场影响深

---

① 托马斯·亨利·赫胥黎(Thomas Henry Huxley,1825—1895),英国著名博物学家、生物学家、教育家,以捍卫达尔文的进化论而有"达尔文坚定追随者"之称。代表作有《人类在自然界的位置》《进化论和伦理学》等。
② 英国科学促进协会(British Association for the Advancement of Science),由苏格兰著名物理学家戴维·布鲁斯特(David Brewster,1781—1868)等人于1831 年创办的英国科学界联合组织团体。该协会每年夏季轮流在英国的中心城镇举行年会,集合全国各科人才共同讨论问题。是英国国内规模最大且唯一允许科学家和普通人员以平等地位参加的科学会议。

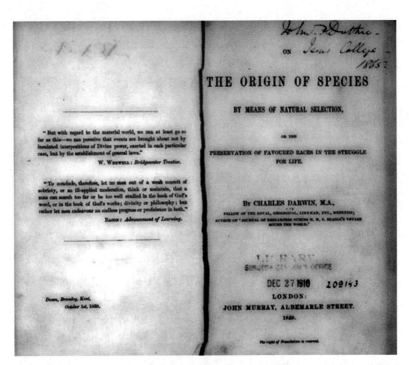

1865 年出版的《物种起源》之扉页

远的辩论。这就是历史上著名的"牛津论战"，这场论战几乎成为科学与宗教冲突的代名词，甚至被称为 19 世纪除滑铁卢战役[①]以外欧洲最著名的一次"战争"。

1860 年 6 月 30 日，在牛津大学新落成的博物馆里，大主教威尔伯福斯发表着演讲："人类与世间万物之间的界限是清晰的，一只萝卜再怎样努力都不可能演化成人！"突然间，他伸手指向观众席上的赫胥黎，质问道："在座的赫胥黎先生竟然说他自己是猿猴的后代，那么我想请问这位先生：猿猴的祖先是你祖父的那一方，还是你祖母的那一方呢？"这刻薄的词句引起人们的哄笑。人们把目光投向了赫胥黎，只见

① 滑铁卢战役（Battle of Waterloo），1815 年 6 月 18 日，英普联军与法军在比利时布鲁塞尔以南的滑铁卢展开的一次决定性会战。最终法国战败，拿破仑一世退位。

他从容地走上讲台，开门见山地列举了达尔文和他本人在科学实践中发现的有力证据，以确凿的事实反驳了大主教的话。回击对手的奚落时，他说道："如果我必须在下面二者中选择我的祖先，一边是猿猴，一边是一位天赋卓越、颇具影响的人物，而这个人物却在严肃的科学讨论中混淆黑白、哗众取宠，那么我将毫不犹豫地选择猿猴做我的祖先！"赫胥黎发言后，还有许多人起来讲话，支持达尔文。达尔文学说在牛津论战中取得胜利。

围绕进化论的辩论从没有停息过，而达尔文秉承着一贯"低调"的作风，既没有公开为自己的理论辩论过，也没有偃旗息鼓地毫不应对。而是把时间和精力全部集中在实验和研究上，为自己的理论寻求更有力的证据。他积极听取针对其理论提出的新问题，并不断地深入思考寻求答案，后来又陆续写了三部著作对《物种起源》进行补充。在《动物和植物在家养下的变异》、《人类的由来及性选择》和《人和动物的表情》书中，达尔文分别探讨了人工选择原理、生物遗传机制、人类起源和表情的起源与进化等问题。

达尔文的一系列后续工作，都是在为其进化学说添砖加瓦，几乎都是有理有据、锦上添花，甚至是对某一学科领域具有开拓或启发意义的。但是基于当时的科学发展水平，达尔文在个别方面的应辩难免偏颇，其中最难的就是对遗传机制的解释。

达尔文以自己杰出的学术成就赢得了崇高的学术地位和荣誉。

二十九岁时，他当选为英国皇家学会会员，先后有三个大学授予达尔文名誉博士学位，普鲁士政府授予他功勋骑士称号。他还获得过地质学会的华拉斯登奖章、皇家学会的学会奖章和柯普雷奖章及皇家医学院的贝勒奖章等。

1882年4月19日，这位伟大的科学家与世长辞，人们为表达对他的敬仰，将他葬在威斯敏斯特大教堂，旁边就安息着英国另一位伟大的科学家牛顿。

施莱登

Matthias Jakob Schleiden

姓　　名：施莱登 (Matthias Jakob Schleiden)

出 生 地：德国汉堡

生 卒 年：1804—1881

主要贡献：细胞学说的创始人之一

主要著作：《植物发生论》

早期生物学中关于植物的研究，重点一般都在形态分类学上，例如采集制作植物标本，加以鉴定、分类并命名，很少对植物的结构功能、生长发育及繁殖进行研究。随着显微镜的精进，生物学家可以更深入地观察植物的显微结构，进而推动生物科学的发展。在被恩格斯誉为19世纪"自然科学三大发现"之一的生物细胞学说的建立过程中，德国的著名科学家施莱登做出了杰出的贡献。

■ 漫游四方的"个体学者"

施莱登于1804年出生于德国汉堡市一个富裕的家庭，他的父亲是一名市政医生。中学毕业后，施莱登进入海德堡大学[①]学习法律，获得了博士学位后回到汉堡开启了他的律师生涯。但是，他的事业发展并不顺心，因而越来越厌倦这份工作。年轻的施莱登心灰意冷，甚至精神抑郁。

不久，他便放弃了这个令他苦恼的职业，决定把有限的精力用到自己真正热爱的事情上。

已经二十九岁的施莱登重新走入校园，学习自己喜欢的自然科学。开始他在哥廷根大学[②]学习，随后又转入了柏林大学。施莱登对植物学非常感兴趣，他的叔叔霍克尔是一名植物学家，在学术上也能时常指导

---

① 鲁普莱希特-卡尔斯-海德堡大学（Ruprecht-Karls-Universität Heidelberg），简称海德堡大学。德国最古老的大学之一，建于1386年，位于德国西南部的巴登-符腾堡州。现有十二个学院。曾培养出五十六位诺贝尔奖获得者。

② 哥廷根大学（University of Göttingen），为德国汉诺威公爵兼英国国王乔治二世于1734年创建。曾是第二次世界大战前的世界学术中心之一。培育了四十多位诺贝尔奖获得者。

他，为此，施莱登对叔叔感激不尽。这个时期，英国著名植物学家罗伯特·布朗①也在柏林，他很赏识施莱登，对他的未来也非常关心。叔叔和布朗都希望施莱登能在植物胚胎学方面进行深入研究，在他们的建议下施莱登终于寻找到了令他开心的事业，怀着对植物学的浓厚兴趣，他开始了探索之旅。

三十三岁时，施莱登完成了自己的第一篇论文《论显花植物胚株的发育史》。他认为，只有对植物发育史进行研究才能正确地认识植物，也只有这样才能揭示植物内在的规律性。同时，施莱登提出应该将植物学的范围拓展到植物化学和生理学的层面，他把植物学重新定义为一种综合性的科学。

在布朗的影响下，施莱登开始进行植物细胞的研究。在三十四岁时他发表了代表作《植物发生论》，这本书很快被译成法文和英文，成为细胞理论的基础。他的植物细胞学说也是在这里提出的，根据布朗的观点，结合自己对植物进行显微镜观察的结果，施莱登发现细胞核真实地存在于植物细胞中，而且证实了细胞核在发育中的重要作用。后来在一次聚会上，施莱登与施旺结识，他把自己对植物细胞结构的研究发现告诉给施旺，启发了施旺对动物细胞的研究。

三十五岁那年，施莱登又去了耶拿大学②学习。获得博士学位后，他被任命为耶拿大学植物学副教授。施莱登经常发表演讲、撰写论文和科普文章，而且题材极广泛。他的演讲在当时非常受欢迎，许多科普文章内容通俗易懂、语言妙趣横生，经常被收录在重要的期刊里，甚至被

---

① 罗伯特·布朗（Robert Brown，1773—1858），19世纪英国植物学家。他命名了细胞核，并在研究花粉和孢子时，发现以他的名字命名的"布朗运动"。

② 耶拿大学（University of Jena），始建于1558年，是德国最为古老的大学之一。为纪念德国著名诗人席勒，1934年改名为弗里德里希·席勒大学。曾有多位诺贝尔奖得主在耶拿大学求学、任教或研究，也曾培育了诸如黑格尔、马克思、厉麟似、莱布尼茨等众多世界名人。

耶拿大学

翻译成多国语言，由此可见施莱登在当时的影响力。施莱登写的科普读物《植物及其生活》广泛流传，成为当时人们最喜爱的科普读物之一，他也成为那个时代最成功的科普作者。

在耶拿大学工作十二年后，施莱登最终还是选择离开，他不顾自己取得的成就，毅然决然地成为一名"个体学者"。从此，他得以自由地支配时间，从事他热爱的事业。他漫游了德国的许多城市，频繁地从一个城市移居到另一个城市。这既出自施莱登健康的需要，也因为他的自然科学观点和当局主流观点不一致的缘故。

■ 施莱登与细胞学说

细胞学说被恩格斯誉为 19 世纪最重大的发现之一。细胞学说论证了生物体结构和细胞结构的统一性，它推动了生物学的发展，也为辩证唯物论提供了重要的自然科学依据。

自从胡克在显微镜下观察到"细胞"以来，很多学者对不同的动植物显微结构分别进行了描述，但都没有进行规律性的概括。1838 年到

1839 年间施莱登和动物学家施旺结合对植物和动物细胞的观察结果后提出了细胞学说，这才揭示了整个生物界在结构上的统一性，以及在进化上的共同起源。直到 1858 年这一学说才得以完善。

施莱登总结出细胞学说的内容，是源自他对植物结构和发育的细致观察和深入研究。在研究植物构造的时候，施莱登敏感地认识到细胞核应该是植物很重要的结构，但从未被人们重视。因此施莱登从细胞核入手开始探索植物细胞的结构。他观察了早期花粉细胞、胚珠和柱头组织内的细胞核，发现即使是幼小的胚胎细胞内也有细胞核存在。由此，施莱登联想到细胞核一定与细胞发育有着密切的关系，这促使他进一步思考细胞的产生和形成问题。

在前人研究成果的基础上，再根据多年对植物组织结构观察和研究的结果，施莱登提出细胞是一切植物结构的基本生命单位，一切植物都是以新细胞为实体发育而成的。他认为，所有的植物，不论其复杂程度如何，都是由各种不同的细胞组成的，低等植物由单个细胞构成，高等植物则由许多细胞组成。施莱登还观察到细胞核与细胞分裂有关，他认为细胞是具有生命的独立自主的单位，植物的发育是靠新的细胞不断形成实现的，新细胞都是以相同的方式产生的。

施莱登强调要用发展的观点认识有机体的外部形态和内部构造，竭力主张从植物的生长发展方面来研究，以阐明植物形态的建立和植物的组织发展过程。用发展的观点研究植物也是他的重要贡献之一。

施莱登和施旺基于对细胞内部结构的显微观察，最终建立起细胞学说。但是，其中还是有一些内容是依靠他们在自然哲学①思潮下的理论性猜想，并未有确实的实验证据。就像关于细胞发生的问题，施莱登就

---

① 自然哲学（philosophy of nature），指 18 世纪后半叶到 19 世纪以德国古典哲学为基础而诞生的哲学观点，有时也称为浪漫主义自然哲学，它以谢林（F.von Schelling）的哲学为代表，往往带有形而上学的色彩。

一直主张细胞自由形成说，认为新细胞是从老细胞的细胞核内产生的。老细胞中的液体或胶状物浓缩后，先形成核仁，再形成细胞核，最后形成包围着细胞核的细胞质，从而形成新细胞，整个过程就像结晶一样。

一直到 19 世纪中期以后，细胞有丝分裂和减数分裂现象被科学家们再次发现，才彻底改写了施莱登的想法。

■ 博学而好辩的科学怪人

施莱登才思敏捷，是一位有独创精神的科学家，他用新颖的学说和革新的技术推动着植物科学的复兴和改革。但他在思想方法上主观武断，而且性格乖戾、孤僻，不愿意听取别人的意见，这使他有时陷入错误但不自知，固执地坚持自己的想法。正是因为这样的性格，导致施莱登与当时许多著名的科学家和思想家一直处于争辩之中。

施莱登对细胞发生的理解是建立在花粉管研究的基础上的。遗憾的是，他认为花粉管是植物雌性生殖的重要因素，这个解释无论从形态学还是生物学上看，都是错误的。但施莱登坚持己见，因而引发了他与其他生物学家的争论。不过人们往往会在与他争论的过程中得到很多有益的启发，促使科学研究进一步发展并寻找到正确的解释。

施莱登对显微观察的重视，才使得他提出了细胞学说。在他步入研究工作之初，就表现出了对显微镜使用的偏爱，把显微镜引入生物学研究是施莱登对科学进步的又一大贡献。

施莱登的植物学教科书开辟了植物学教学的新篇章，在当时有很大影响，是植物学发展过程中的一个转折点。在这以前所有植物学教科书都缺少概念的描述，而且晦涩难懂。而这本教科书很大篇幅都集中在对植物细胞生物学的阐述上，然后论述形态学和组织学，内容充满生气又富于思想，虽然在许多方面还不完整，但对年青人的思想更有激发作用。

除了在植物学方面，施莱登在其他科学领域的成就也很突出。他曾经研究过玫瑰和盐在人类历史中的角色，并探讨了玫瑰和盐的象征意义以及对人类生活的经济和社会价值。在施莱登晚年的一些的著作中，他还对中世纪犹太人的命运进行了研究，描述了他们的苦难，以及他们在向西方传播知识过程中做出的贡献。在当时德国威廉明的大学里正经历着第一次反犹运动。施莱登能够公正的评价犹太人，充分表明了他的勇气和良知。

施莱登几乎可算最稀奇古怪的科学名人之一，他的早期传记作者曾经这样评价他："作为科普工作者，他是一位模范；作为科学家，他是一位先驱者。"

1881 年 6 月 23 日，施莱登在法兰克福逝世。

施 旺

Theodor Ambrose Hubert shwann

姓　　名：西奥多·施旺（Theodor Schwann）

出 生 地：德国诺伊斯

生 卒 年：1810—1882

主要贡献：细胞学说的创始人之一，施旺细胞的发现者

主要著作：《显微研究》

施莱登在生物学研究中提出：细胞是一切植物有机体生命的基本单位，是一切植物体借以生存和生长的根本实体。而与他同时代的德国另一个青年解剖学家施旺，则把施莱登的细胞学说从植物学扩展到动物学，从而建立了统一的生物细胞学说。

■ 神学到医学之路

施旺 1810 年出生于德国莱茵河畔的诺伊斯，父亲是一名金匠。施旺小的时候勤奋而谦虚，各门功课都名列前茅，老师和同学们都很喜欢他。他喜欢思考和钻研问题，尤其在数学和物理方面表现出了超人的天赋。

小施旺对宗教也表现出十分浓厚的兴趣，十六岁时，施旺告别了家乡，独自到科隆著名的耶稣教会学院学习神学。人们都以为他长大后会成为一名神职人员，但是后来施旺放弃了神学，转向医学研究。原因在于，在神学院里，施旺遇到了一位杰出的老师威廉·司迈特。这是一位特别喜欢观察自然的老师，他对人与自然的一些特殊现象都进行过描述，并且提出了自己的论述。司迈特老师培养了施旺善于接受新事物的能力，对施旺的影响非常大。在司迈特老师的影响下，施旺认识到人的发展是在不断完善自身的过程中体现出来的。

十九岁时从科隆大学毕业后，施旺没有继续从事神学的研究，而是遵从自己的内心爱好，进入了德国波恩大学开始学习医学。在波恩大学，施旺不仅系统地学习了弥勒[①]的生理学课程，而且有幸在他的实验

---

① 弥勒（Johannes Peter Müller，1801—1858），德国生理学家、比较解剖学家和动物学家。他撰写的《人体生理学手册》是当时医学教育中公认的标准教科书，曾获普鲁士国王授予的艺术和科学大奖。

室担任临时助理。两年后施旺获得了医学学士学位，接着他去维尔茨堡①学习了三个学期的临床课程。然后在完成解剖学和生理学课程后，他写出了《鸡蛋发育对空气的需要》的论文，获得医学博士学位。这时，施旺既有扎实的理论功底又具备丰富的临床经验，成为弥勒的正式助手。从此，施旺把他所有的时间和精力都投入到弥勒的实验研究中。他在弥勒的指导下，积极投身于生理学、组织学及微生物学方面的研究工作，并做出了不少贡献。

1834年到1839年施旺都生活在柏林，在米勒的实验室从事研究工作，这是他一生从事生理科学研究的主要时期，也是他科研工作的黄金阶段。他认真研读了弥勒撰写的《人体生理学手册》，并完成了其中的大部分实验，提出了很多新的研究方法和新颖的观点。

不同于他的老师，施旺认为器官或组织的生理性质可以用物理的方法进行测量。在同一刺激不同强度下，施旺测定了肌肉的收缩长度，还比较了刺激强度和收缩力之间的关系。施旺在这次实验中制成了第一幅张力长度图解。

这个实验看似简单，影响却是深远的。这是人类第一次把生命现象与物理学的测量和分析方法结合起来，揭示生物学规律。生命力不再是神秘不可知的力量，而是一种符合物理规律的可被人类探究的事物。施旺展现了他的创造力，开创了数量生理学时代。

■ 细胞学说的确立

1838年，施莱登在对开花植物胚囊的研究基础上，提出了细胞学

① 维尔茨堡（Würzburg），位于德国巴伐利亚州美因河畔的无属县城市，是德国中南部的工商业城市、文教中心、水路和铁路交通枢纽。

说。他认为细胞是一切植物结构的基本单位，是具有生命且独立自主的。植物正是依赖细胞的变化、新细胞的形成而实现发育和生长。

在柏林期间，施旺另一件幸运的事就是遇到了施莱登。两人都曾在米勒的实验室工作，在那里相识后成为朋友。施旺为人谨慎保守、性情温和，是一位虔诚的天主教徒，他的性格在许多方面与施莱登截然不同。然而，这并不妨碍两个年轻人成为科学研究的好伙伴，他们之间保持着良好的友谊。

在一次聚会上，两人交谈时，施莱登把他自己还没有公开发表的一些对于植物细胞的结构，以及细胞核作用的发现告诉了施旺，他还提到了细胞核在植物细胞发育中具有重要的作用。这些研究引起了施旺强烈的兴趣，也给他很大的启发。

施旺立即想起在蝌蚪的脊索细胞里，以及鸡的胚层和猪的胚胎组织细胞里，同样看到过类似核的结构，和施莱登在植物细胞中观察到的情况几乎一致。施旺意识到脊索细胞中核的作用，与植物细胞中核的作用可能类似，在细胞的发育中都起着重要作用。

两个年轻人预感到这是一个非常值得研究的问题，于是他们一起去施旺的实验室，共同观察了脊索细胞的核。施莱登观察后认为这与他在植物细胞中看到的核很相似。于是施旺抓住这种动物细胞与植物细胞的相似性，进行深入研究，形成了细胞理论的基础。

施旺又观察了很多种类的动物细胞，发现这些细胞都有一个核，而新细胞的形成方式也与植物细胞相似。于是，施旺接受了施莱登的细胞自由形成说。1839年，他发表了论文《关于动植物的结构和生长一致性的显微研究》，第一次系统地阐述了动物和植物都是由细胞构成的，这是现代生物学最重要的观点，从而建立并完善了由他和施莱登共同创建的"细胞学说"。

施旺提出，包括植物和动物在内一切有机体都是由细胞构成的，细胞是生命活动的基本单位，而且每个细胞都有自己的结构和生命。

和施莱登一样，施旺也认为无论有机体的各个部分有多大差异，它们都有普遍的发育原则和相同的细胞形成方式。也就是说，一切有机体的生命都从单个细胞开始，并随着其他细胞的形成，有机体才能发育成长。

19世纪初期开始，关于植物与动物结构方面一致性的问题，就引起了许多学者的关注，很多人都试图找出动植物共通的联系与特点。但动植物间无论内部结构和外部形态，都存在很大的差异，特别是动物细胞的形态多样。而且，当时的染色方法不成熟，显微镜下观察的动物细胞大多比较透明，也没有植物细胞所特有的细胞壁，因此，很难确定这些动植物之间的共同性。

细胞学说的建立，解决了困扰人们近一个世纪的难题。以该学说为基础，19世纪末诞生了生物学的一个分支学科——细胞学，主要研究细胞的形态、结构和功能以及与细胞生长、分化、进化等相关联的问题。许多学者也受到启发，在各自的领域应用细胞学说解决问题，这对当时生物学的进步有很大影响。细胞学说的建立是19世纪生物学上的巨大成就之一，它不仅推动了生物科学的进步，也促进了很多其他学科的发展。

在发表了最重要的论文后，施旺离开德国，到比利时天主教鲁汶大学①担任解剖学教授。后来，德国著名大学相继邀请他去教书，待遇也很丰厚，但他都婉言拒绝了。在大学里，教授需要频繁地公开露面，还可能因为观点不一致而与其他学者发生争辩。施旺性格过于内向，他并不喜欢这样的生活，因此，他选择在一个安静的异国度过余生。

---

① 天主教鲁汶大学，简称鲁汶大学（University of Leuven），比利时最古老的大学，1425年由教皇马丁五世下令建立。1968年起分为两座大学——荷语鲁汶大学和法语鲁汶大学。

■ 爱好发明的生理学家

施旺不仅是细胞学之父，细胞学说的奠基人之一，他对生理学也做出了卓越的贡献。施旺研究胃液的消化，发现了神经纤维的髓鞘，还设计发酵实验详细地描述了酵母菌的增殖。

1836 年，施旺进行了一系列消化生理方面的实验，探索和研究了胃里的消化液，发现了胃蛋白酶的作用。其实，早在 19 世纪 20 年代，美国医生就观察到了胃液里除了盐酸以外，还有一种活性的化学物质。但这种物质是什么，具有什么功能并没有得到解答。

针对这个现象，施旺进行了大量实验，从中发现用碳酸钾中和胃液以后，这种物质就不能再消化蛋白质。他认识到，胃酸有助于一种起消化作用的物质的形成，这种物质一旦形成，就能够单独发挥作用，消化食物。施旺把这种物质命名为胃蛋白酶。现在我们已经知道了，胃蛋白酶是胃液中的主要消化酶，它由胃腺细胞合成，以胃蛋白酶原的形式释放出来后，在胃内被盐酸激活，形成具有催化蛋白质水解功能的胃蛋白酶。

施旺在研究脊椎动物的神经时发现，在脑神经和脊神经外面都包有一种细胞，这些细胞多次缠绕神经——即在神经外面包裹成鞘，也就是髓鞘。后来的人们为了纪念施旺的这一伟大发现，将髓鞘细胞命名为施旺细胞，髓鞘又称为施旺氏鞘。现在我们知道，髓鞘在神经冲动的传导过程中可以起到良好的绝缘作用，使神经冲动的传导速率大大提高。

施旺在观察酒精发酵的过程中，详细地记录了酵母菌细胞增殖的情况。他第一次揭示了酒精发酵和酵母菌的生活周期之间的关系。他提出

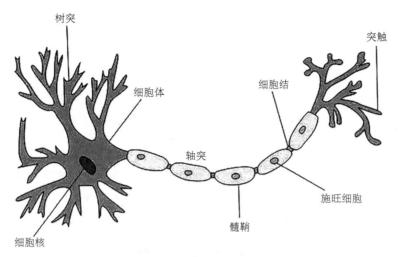

树突

细胞体

突触

细胞结

轴突

施旺细胞

髓鞘

细胞核

包裹在神经纤维上的施旺细胞

酒精发酵是在酵母菌细胞内进行的，细胞是代谢的基本单位。现在看来，这个观点相当正确，但在当时却与化学家们的想法不同，曾遭到一些科学家的反对。施旺性格内向、胆怯，过于温文尔雅，不愿与别人争论，也不适宜争论。在激烈的学术争吵中，他在心理上被压垮了，之后，法国著名科学家巴斯德扛下了微生物领域的大旗，巴斯德是一位从不放下武器，一直战斗到所有敌人都被征服为止的人物，他最终证明了施旺理论的正确性。

　　施旺既是一位科学家，也是一位发明家，他发明了利用胆汁瘘的方法研究胆汁在消化系统中的作用，并推断胆汁分泌量不足会阻碍健康。此外，施旺还研制了煤井中使用的抽水泵，以及救生时使用的呼吸器械，这套器械后来成为测试人类新陈代谢速率的一套装置，也是潜水员潜水时使用的装备雏形。

　　施旺在科学研究生涯的后期丢弃了唯理论，将注意力转移到了宗教研究。但他还是认真反复地思考有关生命的问题，将自己的学说整理在《显微研究》中。这部著作的前三部分从原子的定义开始，一直到细胞学说，再到从心理学和宗教层面去理解生命。第四和第五部分别是关于神经系统感应性和脑功能以及万物产生的理论，这两个部分大多与宗教和哲学有关，遗憾的是后两部分没能有机会发表。

　　施旺在一个圣诞节时不幸中风，遭受了两个星期的痛苦后，于1882年1月11日去世。他在弥留之际曾几次表示，对于未能发表整个学说深感遗憾。这一学说获得了后来许多生理学家的高度评价，他们一直认为这是生物学史上前所未有的进步。

　　施旺的一生平凡而又伟大。他始终保持着一种低调、谦虚的治学态度，沉浸于追逐真理的热情之中。他所提出和完善的细胞学说，在人类历史上的意蕴深远。正是细胞学说，使人类对生命本质的认识获得了前所未有的延伸，对自然界的认识也更加科学精准。

孟德尔

Gregor Johann Mendel

姓　　名：格雷戈尔·孟德尔 (Gregor Johann Mendel)

出 生 地：奥地利海根道府镇

生 卒 年：1822—1884

主要贡献：遗传学奠基人

主要著作：《植物杂交试验》

生物遗传学有三大基本定律，分别是基因分离定律、基因自由组合定律和基因的连锁与交换定律。其中分离定律和自由组合定律是由奥地利伟大的生物学家孟德尔发现的。他的发现在生物发展史上具有划时代的意义。

■ 热爱科学的神父

奥地利的海根道府镇风景秀丽，被誉为"多瑙河之花"，这里的村民们都非常热爱园艺。1822 年 7 月，孟德尔就出生在这个小镇的一户农家。孟德尔的父亲是个佃农，家境非常贫寒，他还有一个妹妹。父亲每周四天料理自家的田地，另外三天需要去给一位女伯爵干农活。受父亲影响，小孟德尔也渐渐学会了农活，他对嫁接果树饶有兴趣，对植物的生长和开花结果的过程也非常好奇。

因为家里很穷，小孟德尔去学校上课时经常会饿着肚子，可是他依然没有放弃学习，成绩总是名列前茅，老师们也都非常喜欢他。父亲觉得如果孟德尔能成为一个合格的农夫，娶妻生子，这辈子就算成功了。

如果屈服于命运的安排，孟德尔注定要子承父业，终其一生在农田干活。

这时，村子里来了一位新神父，他见小孟德尔聪慧懂事，便鼓励他的父母让孩子出去见见世面，接受更好的教育。孟德尔自己也决心要与命运抗争一番，于是父母决定举全家之力支持他去上学。

就这样孟德尔一直读到了中学。但是，在十六岁那年，孟德尔遭遇了人生中的一次重大变故。他的父亲在一次意外中受了重伤，对于这个不富裕的家庭来说，这简直就是雪上加霜。家里无法再给孟德尔经济支持，年少的孟德尔不得不自力更生。勉强读完中学后，孟德尔已无力维持这种半工半读的生活，只好终止了学业。有一整年的时间，孟德尔都蹲在家里，曾对他寄予厚望的家人们都非常失望。

幸运的是，孟德尔后来终于找到一份家庭教师的工作，靠这份工作他得偿所愿重返校园。1840 年他考入奥尔米茨大学哲学院，主攻古典哲学，同时他还学习了数学。孟德尔一直挣扎在贫困的边缘，虽然兼职家庭教师，但是依然无法让他摆脱令人绝望的境遇。1843 年，孟德尔因家贫而辍学。

该选择什么职业更好呢？当时，修道院能解决糊口问题，而且修道院还经常会容纳一些博学多才的人。既能生存下去，又能不放弃对知识的追求，修道院应该是个不错的选择。1843 年 10 月，二十一岁的孟德尔去了布隆①的圣托马斯修道院，成为一名修士。

自从进入修道院，物质生活有了保障，孟德尔便将更多的时间和精力投入到学习当中。他满心欢喜地集中精力阅读经典，利用空余时间打理修道院一个小型植物园。1847 年孟德尔成为神父，不久他被派到城外的一所中学当代课教师。他备课认真，教学幽默，还常穿插讲述一些有趣的故事和科学实例，极受学生欢迎。如果要在学校正式任教是需要教师资格证的，孟德尔也曾申请过，但是却没有考过，虽然他自己十分勤奋努力，但仍然欠缺很多知识。

圣托马斯修道院的院长纳泊（František Cyril Napp，1792—1867）看出孟德尔是天分很高的人，1850 年，他推荐孟德尔去维也纳大学深造。在那里孟德尔受到很多杰出科学家们的影响，如多普勒②、恩格尔③

---

① 布隆（Brunn），今捷克共和国的第二大城市布尔诺（Brno），是重要的工业城和铁路枢纽。

② 多普勒（Christian Johann Doppler，1803—1853），奥地利物理学家、数学家，以"多普勒效应"闻名于世。

③ 恩斯特·恩格尔（Ernst Engel，1821—1896），德国著名的统计学家和经济学家，以恩格尔曲线和恩格尔定律闻名。

等，得到相当系统和严格的科学教育和训练，这为孟德尔此后的研究工作打下了坚实的基础。1854 年，孟德尔完成学业回到修道院，并在修道院的植物园里开始进行著名的豌豆杂交实验。

■ 孟德尔的神奇小豌豆

遗传是生物的一种属性，是生命世界的一种自然现象。遗传使生物体的特征得以延续，而变异则能形成形形色色的生物，使生物的多样性增多，遗传与变异构成了生物进化的基础。

从什么时候起，人类开始认识到生物的世代相传和变异，现在已不得而知。但是，自从有文字记载以来，许多人都曾对遗传的奥秘提出假说，可是后来都被证明为臆测。其中"泛生论"盛行了许多个世纪，包括伟大的达尔文在内都信奉这种学说。他们推想身体的所有细胞都能产生微粒，这些微粒释放到血管中，由循环系统带给生殖细胞并且集合在一起，生殖细胞再把各个部分的特征传递给下一代。拉马克也曾提出，"用进废退"使身体各个部位发生了变化，而这些变化可以传递给子代，子代"获得性状"再通过世世代代积累传递，成为生物进化的机制。

魏斯曼[①]首先向"泛生论"和"用进废退""获得性状"遗传发起挑战。他提出了"种质"学说，种质是亲代传给后代的遗传物质，它存在于生殖细胞中。魏斯曼认为，在世代繁衍过程中，"种质"永世长存，在本质上是不死的。种质在世代间传递、连续不断，这样完成了遗传。

---

① 魏斯曼（Weismann，1834—1914），德国动物学家。于 1883 年提出有名的"种质论"。认为生物体由种质和体质组成，生物体在一生中由于外界环境的影响或器官的用与不用所造成的变化只表现于体质上，而与种质无关，所以后天获得性状不能遗传。

魏斯曼的种质论启迪了人们去深入研究遗传物质，从而相继发现了染色体、基因和DNA。

在实践中，人们也在积极利用生物的种质特点探索作物的育种方法。1719 年，英国植物学家费尔柴尔德（Thomas Fairchild，1667—1729）以石竹科植物为材料在世界上首次获得人工杂交品种。1761 年至 1766 年，德国植物学家科尔罗伊特（Joseph G. Koelreute，1733—1806）进行烟草杂交实验获得了优质的杂交品种。

18 世纪至 19 世纪，作物育种研究方兴未艾，而孟德尔在修道院植物园里进行豌豆杂交试验的初衷也是为了获得优良品种。不过在试验过程中，孟德尔发现豌豆杂种后代的发育似乎有规律可循，于是逐渐转移了研究目标，把精力集中到探索豌豆的遗传规律上来，正是这些神奇的小豌豆让孟德尔取得了举世瞩目的成就。

实验材料的选择，对于实验的成功至关重要。事实上，孟德尔用了两年时间才发现豌豆是最佳的遗传实验材料。他先后选择玉米、紫罗兰和茉莉等二十多种植物进行试验，但这些植物性状都太复杂不容易区分，他放弃了。

豌豆的相对性状区分明显，没那么复杂。而且，豌豆是严格自花授

孟德尔进行豌豆试验

粉且闭花传粉的植物，自然状态下后代都是纯种。它产生的子代数量也非常多，很容易收集到大量数据进行统计。这些都使豌豆成为遗传学研究的理想材料。但仅仅是豌豆，孟德尔也曾考虑过三十四种不同的品种。在孟德尔为数不多的遗物中，有一张1856年购买豌豆的订单，可以证明他确实在选择实验材料上费了很大的力气。

找到豌豆作为理想的植物材料以后，孟德尔用这些神奇的小豌豆开启了遗传学的研究之旅。他培育过数千株豌豆植株，挑选出数万颗种子。试验规模之大、困难之多是史无前例的。他经常指着豌豆，告诉前来参观的客人"这些都是我的儿女"。

孟德尔的试验工作遵循着从简单到复杂的原则。他的成功除了精心选择实验材料以外，还要归功于精密的设计实验和具有突破性的统计分析。

实验设计是孟德尔成功的又一个关键，这主要取决于孟德尔采用的单因子分析法。孟德尔对豌豆的性状进行了选择性研究，也就是一个时期内只观察和分析一对性状在世代间的传递规律，再研究两对以上性状的遗传，最大限度地排除各种因素的干扰。

孟德尔在观察一对相对性状豌豆的杂交实验中发现，子二代中相对性状彼此分离。由此他提出假设，在形成配子时遗传因子是彼此分离的。为了验证假设，孟德尔首创了测交的方法，测交实验的结果让人们完全信服他的假设是正确的。后来的实践证明，这种测交的方法完美地成为遗传学分析的经典方法。

在观察到性状分离以后，孟德尔又向前再迈进了一步，进行数量分析。生物学研究用数学的较少，时至今日，真正做到定量研究也是极少的。孟德尔是在生物学中成功运用数学的先驱。他对杂交实验的子代中出现的性状进行了分类、计数和数学归纳统计，找到了豌豆杂交实验显示出来的规律。孟德尔发现子二代性状分离以后，相对性状的比例总是3:1，他敏锐地发现数字背后的深刻意义，继而推算和验证了基因型 1:2:1 的规律，发现了分离定律。在这个基础上，综合分析两对性状时，又发现了子二代中两对相对性状之间的自由组合，以及性状之间 9:3:3:1 的规律，得出自由组合定律。

由此，遗传学的两大基本定律诞生了。

在孟德尔之前，对遗传规律的研究长期没有进展，是因为从生物体的整体形态中观察和发现遗传规律是非常困难的。但是，如果从个别性状入手进行观察，相对会容易一些。孟德尔先关注植物的个别性状，再进行整体研究，这也是他与前人研究的重要区别之一。

孟德尔发现的两个遗传基本规律具有划时代的意义，多年来他谨慎地重复着这些实验，以期能够不断完善。1865 年，在布隆自然史学会上孟德尔首次宣读了自己的发现，简单地描述了实验的目的、方法和过程。但是，孟德尔的思维和实验都太超前了，他所发现的遗传秘密并没有获得人们的认可，与会者如坠入云雾中一般，礼貌地听了他的报告，内心却没有理解和接受孟德尔的观点。1866 年，孟德尔在布隆学会的会刊上发表了论文《植物杂交实验》，他提出了遗传因子的概念，指出遗传因子就是遗传单位，并揭示了遗传学的两个基本规律。这篇重要论文，仍没能引起人们的关注。

孟德尔开始豌豆实验时，达尔文的进化论刚刚问世。当时的科学界正被达尔文的进化论所震撼，科学家们更喜欢讨论恢宏的理论，而孟德尔的实验在他们眼中只是事实的堆砌。那个时代的生物学家大多属于博物学家，很少有人懂得数学与统计学，所以对孟德尔的论文很多人也不一定读得懂，大多数人认为他的论文就是纯数字神秘主义的东西。孟德尔也仔细研究了达尔文的著作，从中吸取了丰富的营养。在孟德尔的遗物中，有几件达尔文的作品，上面还留有孟德尔的手迹，从中可以看出他对达尔文及其研究非常重视。

值得一提的是孟德尔曾把论文寄给达尔文，可是达尔文没有接受孟德尔的思想。达尔文当时并不十分清楚突变和自然选择的遗传基础是什么，也不知道他提出的自然选择的本质，他仍然坚信泛生论。其实，孟德尔的思想对进化论的确立非常重要。20 世纪 40 年代蓬勃兴起的新达尔文主义①，其实就是建立在孟德尔理论基础上的现代生物进化理论。

■ 被重新发现的"遗传学之父"

1868 年，四十六岁的孟德尔被选为修道院院长，从此他把更多精力转移到修道院工作上。1874 年，奥地利政府颁布了一项严苛的税法。孟德尔认为新税法不公平，拒绝交税，并与政府进行了一场旷日持久的官司，最终孟德尔败诉。这场官司耗尽了孟德尔的心血。患有严重心脏病的孟德尔于 1884 年去世，享年六十二岁。

直到逝世前，孟德尔仍然坚信他的研究成果会被人们记住的。他曾对一位朋友说："我的一生充满辛酸，但也有过美好的时光，因而我得感恩，毕竟我可以尽情地完成自然科学的研究。也许没多久，世人就会承认这项研究成果吧。"

不过，人们认可孟德尔的研究成果，已是他逝世十六年后，也是他的豌豆实验论文正式出版三十多年后了。

19 世纪末期，细胞学得到了进一步的发展。魏斯曼对细胞分裂过程的预言在 1892 年被显微镜观察到，同时对亚细胞行为的研究也得到进一步发展，这些都为科学界接受孟德尔的理论铺垫了道路。1900 年，

---

① 新达尔文主义（neo-Darwinism），达尔文的自然选择与孟德尔的遗传学结合形成的一种新理论。这种理论认为，基因突变是可遗传变异的来源，这种变化是随机的。面对自然选择时，能够适应环境的变异得以生存，并将新基因传递下去，而无法生存的则被淘汰。

荷兰的德弗里斯①、德国的科伦斯②和奥地利的冯·切尔马克③三个人，在不同的地点经过各自的实验，分别重新发现了孟德尔定律。开始他们都认为自己才是遗传定律的发现者，但是读到孟德尔的著作后，他们才明白这位修道士早已经完美地解释了这个问题，试验的方法和严谨性丝毫不亚于他们。

孟德尔学说的迅速传播以及遗传学的真正崛起，还要归功于英国生物学家贝特森④。1900 年 5 月，贝特森从德弗里斯寄给他的论文中了解到孟德尔的发现。在对家鸡冠形和羽色等性状进行的杂交实验中，他也发现过与孟德尔类似的 3:1 分离比。作为一个长期致力于进化和遗传研究的科学家，贝特森比前面提及的三位科学家更加深刻地认识到孟德尔工作的重要意义。

随后，贝特森在英国皇家园艺学会的大会上，做了题为《作为园艺学研究课题中的遗传问题》的演讲，报告中他证实了孟德尔遗传定律的有关实验，包括他自己的家鸡杂交实验结果。出席会议的学者们才了解到孟德尔豌豆杂交实验所揭示的遗传规律。

1901 年，贝特森又将孟德尔的论文《植物杂交试验》由德文译成英文，正是这篇译文，使孟德尔的发现在世界各地产生了巨大的回响。也正是贝特森的努力，才使孟德尔从默默无闻的神父成为众所周知的遗

---

① 雨果·德弗里斯（Hugo de Vries，1848—1935），荷兰著名植物学家和遗传学家。他揭示了细胞核成分"泛生子"（pangenes）决定遗传特性，验证了达尔文进化论意义上的种间变异的基础。著有《细胞内泛生论》《突变理论》《植物杂交试验》等。

② 科伦斯（Correns，Karl Franz Joseph Erich，1864—1933），德国植物学家，柏林威廉大帝生物学研究所所长。

③ 埃里克·冯·切尔马克(Erich von Tschermak，1871—1972)，奥地利农学家、植物学家。曾开发数种新型抗病作物，包括小麦、黑麦和燕麦杂种。

④ 贝特森（William Bateson，1861—1926），英国生物学家，坚定的达尔文主义者，著有《孟德尔的遗传原理》《遗传学问题》等。

传学奠基人。贝特森则以"孟德尔主义的传道士"而闻名世界。他后来引入了"F1 代""F2 代""等位基因""纯合子""杂合子"等新术语取代了孟德尔学说中模糊的用语，使孟德尔的遗传定律得以发展。

自此之后，遗传学的发展一日千里。1903 年，萨顿[1]推测孟德尔定律的物质基础是减数分裂过程中染色体的分离。摩尔根的果蝇实验则证明了基因位于染色体上，并呈线性方式排列。科学家证明了 DNA 是遗传物质后，1953 年，沃森和克里克又发现了 DNA 的双螺旋模型，从此生物学走上了分子水平的研究阶段。如今，人类基因组序列草图早已完成，人类步入了后基因组时代，而这一切的一切，都要感谢孟德尔和他那些神奇的小豌豆。

孟德尔的分离规律和自由组合规律是遗传学中最基本、最重要的规律，后来科学家们发现的许多遗传学规律都是在它们的基础上产生并建立起来的，它犹如一盏明灯，照亮了近代遗传学的未来。直到今天，以孟德尔理论为基础的遗传学还在蓬蓬勃勃地向前发展，继续不断地造福于人类，未来它对科学和人类也将会有更深远的影响。

在纪念孟德尔逝世一百周年时，我国著名的遗传学家谈家桢[2]曾经这样评价孟德尔："全世界的生物学家都将缅怀和讴歌这位伟大学者对遗传科学乃至整个生物科学所作出的不朽贡献，他是遗传学的真正奠基人。"

---

[1]　萨顿（Walter Sutton，1877—1916），美国遗传学家，生物学家。提出基因(遗传因子)是由染色体携带并从亲代传递给下一代的观点，这一观点被摩尔根及其学生的实验研究证明，成为经典遗传学的核心内容之一。

[2]　谈家桢（1909—2008），遗传学家、中国现代遗传学奠基人。建立了中国第一个遗传学专业、第一个遗传学研究所。

巴斯德

Louis Pasteur

姓　　名：路易·巴斯德（Louis Pasteur）

出 生 地：法国东部小城多勒

生 卒 年：1822—1895

主要贡献：微生物学奠基人，发明巴氏消毒法，研制狂犬病疫苗

主要著作：《乳酸发酵》《酒精发酵》《蚕病学》等

现在的人们都知道巴氏消毒法、狂犬疫苗，但人们可能不知道这些都与一位著名的生物学家紧密联系在一起，他就是 19 世纪法国的巴斯德。

■ 科学界冉冉升起的一颗耀眼新星

路易斯·巴斯德 1822 年 12 月 27 日，出生在法国东部的小城多勒。多勒是典型的水乡，巴斯德的家门口就有一条清澈的小河流过，这条小河被人们称为"小威尼斯"，皮匠们经常在这里冲刷皮革制品，所以也叫皮匠河。巴斯德的父亲曾在拿破仑骑兵队供职，退伍后就以加工皮革为生。他的家境非常普通，父母虽然不富有也都没有受过教育，却都很有远见，即使自己节衣缩食，也要给孩子最好的教育。

巴斯德到了入学的年龄，全家便搬到汝拉地区的阿尔布瓦，他在那里接受了良好的教育，直到中学毕业。少年时代的巴斯德表现平常，数学成绩很一般，但是他有一颗永不满足的好奇心，常常问这问那，学习中遇到不懂的问题，也总是喜欢一探究竟。

中学毕业后，巴斯德一边做助教，一边准备大学入学考试。经过不懈的努力，二十一岁时，巴斯德以优异的成绩考入了巴黎高等师范学校[1]，这所学校是法国非常著名的大学，他在那里攻读化学。

大学期间，巴斯德半工半读，每天完成学业后还要外出任教。他勤

---

[1] 巴黎高等师范学校（École Normale Supérieure，ENS），或称巴黎高等师范学院，1794 年由法兰西第一共和国国民议会下令创建。二百多年里，培养了众多杰出人才。十几位诺贝尔奖和菲尔兹奖获得者及拉普拉斯、拉格朗日、傅里叶、罗曼·罗兰、萨特、波伏娃、布尔迪厄等著名科学家、哲学家、艺术家均在此学习。

奋努力，各门功课成绩都非常出色，特别是他的实验能力在同学中是出类拔萃的。巴斯德善于钻研，不愿只在书本中纸上谈兵，更喜欢泡在实验室里。因为他大部分时间埋头于实验室，同学们都笑称他为"实验室的蛀虫"。

大学毕业以后，巴斯德通过努力，考取了教师资格。但是，他的志趣并不在教学上，更希望能够继续进行科学研究。于是，巴斯德进入安东尼·巴拉尔①的实验室当助手，他一边工作，一边撰写博士论文，一年后顺利取得了博士学位。

阿尔布瓦是法国汝拉地区葡萄种植、酿酒首屈一指的城市，小镇里有众多的酒窖，很多葡萄酒爱好者经常往返于那些小有名气的酒窖。巴斯德就是在榨葡萄和酿酒的香气中长大的，所以他非常喜欢葡萄酒。

兴趣爱好是取得成功的最大动力。在巴拉尔实验室当助手时，巴斯德偶然注意到，酿酒时酒石酸②晶体会在发酵过程中沉积。他对沉积物进行分析，发现成分不仅有酒石酸，还有一种类酒石酸的物质。它们的化学式相同，但溶液却有不同的旋光性③。原因究竟为何呢？这成了当时科学界的不解之谜。经过一段时间细心地观察和实验后，巴斯德发现类酒石酸原来是两种不同酒石酸晶体的混合，两种物质旋光相互抵消，使类酒石酸溶液不具有旋光特性。

巴拉尔注意到了巴斯德的研究结果，他把这个试验介绍给了毕

---

① 安东尼·巴拉尔（Antoine Balard，1802—1876），法国化学家，1825 年发现溴元素。

② 酒石酸，一种羧酸，为白色结晶性粉末，化学式为 $C_4H_6O_6$。多存在于葡萄和罗望子等植物中，是葡萄酒中主要的有机酸之一。

③ 旋光性，振动方向对于传播方向的不对称性叫做偏振（polarization）。当平面偏振光通过手性化合物溶液后，偏振面的方向就被旋转了一个角度。这种能使偏振面旋转的性能称为旋光性。

奥[1]。毕奥对酒石酸晶体做过数十年研究，都未曾解决，他不相信年轻的巴斯德能解决这个问题。但是，当重复了巴斯德的实验后，毕奥大为惊叹，心服口服。从此，这位素不交友的老教授和巴斯德成了忘年之交，科学界一颗耀眼的新星冉冉升起。巴斯德的这个发现证实了旋光异构现象，对立体化学的发展产生了深远影响。

■ 小小鹅颈瓶否定"自然发生说"

1859 年达尔文的《物种起源》给人类注入了进化的思想。巴斯德受到了很大的启发，但他凡事喜欢刨根问底的性格又使他产生很多疑问。古代的那些"神创论"的传说有什么问题呢？生命到底是不是自然发生的？到底哪种说法更准确呢？巴斯德思索"自然发生说"问题的同时，并没有停止手边的科学实验，而他发明的鹅颈瓶实验所产生的结果进一步强化了他对"自然发生说"的观点。

巴斯德设计了一种烧瓶，瓶口有一段像天鹅颈一样的弯曲，他称之为鹅颈瓶。巴斯德用普通的烧瓶和鹅颈瓶同时进行对照试验，把两个瓶子加热消毒后，里面都灌入肉汤，煮沸后冷却静置。很多天过后，巴斯德观察到普通瓶子里的肉汤变质了，漂浮着很多微生物，而鹅颈瓶中的肉汤没有变质。即使经过更长的时间，肉汤也依然如初。

巴斯德解释道，煮沸后的肉汤本身不能生出微生物，微生物通过普通烧瓶的瓶口落入肉汤后，在这个营养丰富的环境中繁殖了，所以肉汤才会变质。而鹅颈瓶的瓶口虽然是敞开的，空气可以进入，但是瓶颈细

---

[1] 让-巴蒂斯特·毕奥（Jean-Baptiste Biot，1774—1862），法国物理学家。曾与萨伐尔共同提出毕奥-萨伐尔定律。第一个发现云母独特的光学性质。

鹅颈瓶实验

小弯曲，空气中的微生物会在这里被卡住，不能进入肉汤，因此鹅颈瓶中的肉汤没有变质。

为了验证这个假设的科学性，巴斯德补充了另外一个实验。他把灌有肉汤的鹅颈瓶静置一段时间后，将瓶子倾倒放置，这样肉汤就能接触到瓶颈的弯曲处。一段时间后正如巴斯德预料的那样，肉汤里面长满了微生物。

实验得到了令人信服的结论，腐败变质的物质中的微生物是来自空气中的微生物，而不是纯粹的无中生有，自然发生。"鹅颈瓶"实验的结果证明：生物只能源于生物，非生命物质绝对不能随时自发地产生新生命。

巴斯德并不满足于此，他还带了许多灭菌的烧瓶去了不同的地方，包括满布灰尘的市区、酒窖、乡村，甚至到阿尔卑斯山取空气做实验，结果证明，越是空气干净的地方，肉汤变质得越慢，否则越快。这使人们更加坚信生物只能源于生物，给了"自然发生说"致命的一击。

巴斯德的结论很快得到人们的信服。也正是这个发现，使人们知道了伤口的腐烂和疾病的传染原来都是细菌在作怪，消毒的方法就此在医学界盛行起来。巴斯德最初使用的那个鹅颈瓶现在还陈列在巴斯德研究所里。

巴
斯
德

■ 法国酿酒业与丝绸业的救星

巴斯德不仅是个理论上的天才，还善于观察生活，解决实际问题。他在研究过程中勇于实践，乐于挑战，曾经从微生物手中拯救了法国的葡萄酒业和丝绸工业。

法国是一个盛产葡萄酒的国家。当时的法国，醇香的啤酒和葡萄酒已经声名远扬，每年有无数的船舶装载着盛满葡萄酒的大木桶运往世界各地。然而，那时的葡萄酒容易变质，不易保存，放久了酸得难以入口。变酸后的酒只能倒掉，这使酒商叫苦不已，有的酒厂甚至濒临破产。法国的酒业声誉也因此一落千丈。

法国里尔①一家酿酒厂厂主非常想彻底解决这个问题，他找到了巴斯德，请求巴斯德帮助寻找原因。厂主期望巴斯德能配制出一种药物来防止葡萄酒变酸，对葡萄酒颇有兴趣的巴斯德欣然应允。

巴斯德从观察变酸的酒和正常酒之间的差别入手。显微镜下，他发现变酸的葡萄酒中除了含有酵母菌之外，还有一根根细棍似的细菌。这些细菌会避开盖玻片的边缘，向里面没有空气的地方移动，看起来它们好像很讨厌空气，于是巴斯德把它们称为"厌氧菌"。后来知道了，这些细棍似的细菌就是乳酸杆菌，它们是真正的罪魁祸首，这些小"坏蛋"在营养丰富的葡萄酒里繁殖，产生乳酸使葡萄酒变酸了。

巴斯德琢磨着，如果能杀死这些细细长长的家伙，问题就解决了。于是他想到了高温煮沸的办法，巴斯德把酒密封好以后开始加热，试图

---

① 里尔（Lille），法国第五大城市，也是法国北部加来海峡大区的首府和经济、交通和文化中心。

杀死乳酸杆菌。但加热的同时，如何能保证葡萄酒不被煮坏呢？这个两难的问题困扰了他很久，最终在经过反复多次的试验后，巴斯德找到了一个简便有效的方法。他把酒放在 50 ~ 60℃ 的环境里，加热半小时，这样既可以杀死乳酸杆菌，又不影响酒的口感。这个看似简单，但又一举两得的方法就是著名的"巴氏消毒法"。

巴斯德把这个方法告诉厂主时，他难以置信。但是巴斯德用实验让厂主心悦诚服，他在酿酒厂取出一些酒，一部分在 50 ~ 60℃ 加热半小时，另一部分不加热。几个月以后，加热的酒口感纯正，而没有加热的酒变酸了。这个完美的对比实验挽救了当时的法国酒业，避免了巨大的经济损失。

巴氏消毒法不仅可以为葡萄酒消毒，也可用于食品和饮料的消毒，对于当时不懂得病从口入的人来说，巴氏消毒法使他们免除了很多疾病的困扰。后来这种杀菌保存食物的方法流传于世，现在市场上出售的很多牛奶依然是用这种方法消毒的。

对酿酒业的贡献让巴斯德在法国成了传奇般的人物。而差不多同时，法国南部一种病疫造成家蚕大量死亡，丝绸工业遭到严重打击，法国的养蚕业正面临一场危机。当时，法国成立了一个研究蚕病的委员会，巴斯德的老师杜马[①] 担任主席。杜马想到了巴斯德，鼓励他去尝试一下。巴斯德没有研究过蚕，对于完成这个任务不是很有信心，他不肯贸然接受老师的请求。但想到每年损失惨重的蚕农们，巴斯德还是答应迎战这个棘手的问题。

巴斯德前往法国南部，寻找问题的根源。当时，病蚕的身上长满棕黑的斑点，就像粘了一身胡椒粉，人们称这种病为"胡椒病"。得了这

---

① 安德烈·杜马（Jean Baptiste Andre Dumas，1800—1884），法国化学家，法国科学院院士，英国皇家学会会员。蒸汽密度测定法和氮燃烧定量分析法的发明人。

种病的蚕，有的孵化出来不久就死了，有的挣扎着活了一段时间后，在作茧之前也难逃一死。极少数的蚕结成茧子，可钻出茧的蚕蛾却残缺不全，它们繁殖的后代也是病蚕。当地的养蚕人想尽了办法，仍然治不好这种病。

巴斯德用显微镜反复观察，发现了一种很小的椭圆形棕色细菌，是它们感染了家蚕和桑叶吗？为了探究真相，巴斯德把这些细菌涂抹在健康的桑叶上，用这些叶子饲喂健康的蚕，结果吃了这些叶子的家蚕立即染上了"胡椒病"。巴斯德还发现，感染家蚕的这种微生物，还可以通过粪便传染，因此很难根治。

于是，巴斯德呼吁蚕农们把病蚕和蚕吃过的桑叶统统烧掉，隔离病原后，再重新使用健康的蚕和健康的桑叶进行养殖。巴斯德还叮嘱蚕农，健康的蛾卵孵化后，要及时检查淘汰病蚕，丢弃被污染的桑叶，这样才可能遏止病害的蔓延和传播。

历经五年的时间，家蚕的"胡椒病"得到了有效控制，巴斯德的研究和有效的控制方法，挽救了法国的养蚕业，使法国蚕业又重新兴盛起来，他用自己的辛勤劳动赢得蚕农的赞誉和褒奖。

■ 狂犬疫苗书写传染病战役新华章

在漫长的历史长河中，人们一直在与瘟疫做斗争，寻求摆脱疾病的方法。接种疫苗预防传染病，只有很短暂的历史。直到 20 世纪，常规疫苗接种才逐渐推广开来，被广泛知晓和接受。疫苗的出现，让人类免于很多疾病的毒害，每一种新疫苗的诞生都是人类战胜疾病的伟大胜利！

詹纳采用疫苗接种的方法，帮助人类战胜了天花，但是，他全然不知天花是由病毒感染所致，也不知道接种牛痘使人体获得免疫力的机理。到 19 世纪末，巴斯德不仅提出了传染病的发生都源于病原微生物在生物体内的繁殖，他还将病原微生物灭活后，再纯化制成灭活疫苗，为人们预防传染病。

关于疫苗的研制，巴斯德最杰出的贡献，就是帮助人类成功地防治了狂犬病。19 世纪后期，狂犬病是最可怕的一种传染病，每年有数以百计的法国人被它夺走生命。人们相信，火焰可以净化一切，包括肉眼看不见的细菌，于是就使用烧红的铁棍对付狂犬病。当时被狗咬伤的人，都会请铁匠用烧红的铁棍烙烫伤口，想烫死那些看不见的病原。但如此残酷的做法，并没有治愈狂犬病患者，反而会加重感染，加速死亡的来临。

有一位兽医听闻巴斯德发明的灭菌法，便带着两只病犬前来求助，希望他能够研制出一种预防狂犬病的药物。巴斯德和助手决定先采集狂犬的唾液，这是一件很危险的事，但是巴斯德没有退缩。他将提取的唾液放置在培养皿上进行培养、观察，希望有所发现，但是，实验始终都没有进展，巴斯德只能一次又一次地重新制作培养皿，时刻不停地观察。偶然的一次，巴斯德忘了清理培养皿，后来他惊讶地发现，培养皿上干枯的唾液竟然失去了毒性。他急中生智，忙将细菌移植到鸡身上，结果鸡没有染病。

巴斯德又用患狂犬病的兔子做了类似的实验。他从病死的兔子身上取出一小段脊髓，将其在无菌烧瓶中干燥，将干燥的脊髓研磨成粉末后与无菌水混合，制成了最初的"疫苗"。再把它注射入健康小狗的体内，小狗神奇地活了下来，没有被传染。经过反复实验，结果更加让人振奋，这些活下来的小狗，即使脑中再次被注入狂犬病毒，也都没有发病。就这样，巴斯德成功地研制出了狂犬病疫苗。

一天，一位濒临绝望的母亲求助巴斯特，她九岁的儿子迈斯特手脚和大腿多处被疯狗咬伤，人们都认为他生还无望了。看着遍体鳞伤的孩子，巴斯德很想帮助他，但又非常犹豫，因为他刚研制出的狂犬病疫苗还没有做过人体试验，这太冒险了。"用我儿子试验吧，有什么意外我不怨你！"母亲央求着。于是巴斯德为迈斯特注射了人类史上第一支用于人体的狂犬疫苗。他每天都小心翼翼地观察孩子的反应，焦急地等待着结果，第十四天过去了，孩子终于康复，健康如初。

这个消息传开后，很多病患慕名前来，巴斯德用疫苗拯救了很多人的生命。即便自己因为常年忙碌健康状况不断下降，他也依然坚持着。用类似的方法，巴斯德还在炭疽、鸡霍乱病、斑疹伤寒和小儿麻痹症等多种传染病的防治上做出了卓越的贡献。

治疗狂犬病出名后，巴斯德把实验室扩建为诊所，并与1888年建立了巴斯德研究院，专门研究微生物学、病毒学和免疫学。如今，巴斯德研究所已经分布于全球二十九个国家，始终致力于研究疾病的预防和治疗。中国科学院上海巴斯德研究所于2004年10月11日成立，主要聚焦病原微生物基本生命活动规律、重大传染性疾病的致病机制等关键科学问题的研究，推动病原学、免疫学和疫苗学知识的创新与学科发展。

■ 谦逊爱国的微生物学之父

巴斯德不仅研究微生物的类型、习性，还研究它们的营养、繁殖和作用等，他把对微生物的研究从形态转向生理途径上，从而奠定了工业微生物学和医学微生物学的基础，并开创了微生物生理学，他是当之无愧的"微生物学之父"。

巴斯德不仅是理论上的天才，还是个善于解决实际问题的人。他的研究不但奠定了微生物学的基础，还使外科学和公共卫生学因之改观。

虽然巴德斯不是一名医生，但他的存在，仿佛就是为了拯救苍生，他使整个医学的发展走上了科学与实验的道路。人们赞誉他是进入科学王国"最完美无缺的人"。

　　科学上取得杰出成就的巴斯德对自己的祖国充满无限热爱之情。普法战争爆发后，德国占领了法国的部分领土，战争毁坏了城市、学校，巴斯德的家乡也被德国占领，后来法国战败投降。面对普鲁士军队的暴行，他愤慨地退还了德国波昂大学颁发给他的名誉医学博士学位证书，以示抗议。巴斯德说："科学没有国界，但科学家却有自己的祖国。"这掷地有声的话语，成为不朽的爱国格言，充分表达了一位科学家的爱国情怀。

　　已经成名成家的巴斯德还仍然保持谦虚谨慎的美德。有一次，巴斯德到伦敦参加国际医学大会，这次会议在詹姆斯大厦召开。会议开始前，数以百计的与会代表齐聚在大厦楼门口，他们一同前来欢迎这位近

晚年的巴斯德

代微生物学的奠基人。

巴斯德一出现，大厦前就响起了经久不息的热烈掌声。可是，巴斯德却浑然不觉。走过去以后，他问身边的一位接待人员："刚才那么隆重的场面，是在欢迎威尔士亲王吧？"接待人员听了他的话，惊呼道："我的天！博士先生，刚才大家是在欢迎您的到来呀！"

巴斯德听后摇了摇头说道："我真的不明白，刚才为什么那么热烈地欢迎我？我就是一个普通的科学研究人员，没什么了不起的。"

巴斯德穷其一生为科学做出了卓越的贡献，晚年的时候，拖着自己半身不遂的身体，他仍然坚持与微生物战斗着。1895 年，72 岁的巴斯德在亲友的陪伴中离世。

巴斯德赢得了无数人的称赞和爱戴。当年那个被他用狂犬疫苗治好的小男孩迈斯特，后来成为巴斯德忠实的守墓人，他为巴斯德的研究所和坟墓守卫了半个多世纪。1940 年，德国军队入侵巴黎，他们强行进入研究所，命令迈斯特打开墓门，他坚决反抗拒不服从，最终，开枪自尽。迈斯特宁可失去生命，也不愿人们惊扰安息地下的法国英雄巴斯德。

巴甫洛夫

Ivan Petrovich Pavlov

姓　　名：伊万·彼得罗维奇·巴甫洛夫 (Ivan Petrovich Pavlov)

出 生 地：俄罗斯梁赞

生 卒 年：1849—1936

主要贡献：创立条件反射学说、现代消化生理学的奠基人

主要著作：《消化腺机能讲义》《消化腺作用》《大脑两半球机能讲义》
　　　　　《心脏的传出神经》

1904 年，俄国的科学家巴甫洛夫被授予诺贝尔生理学或医学奖，成为首位获此殊荣的生理学家。1935 年，在苏联召开的第十五届国际生理学家大会上，巴甫洛夫被誉为"世界上最杰出的生理学家"。

■ 牧师家里不相信上帝的小孩

1849 年，巴甫洛夫诞生于俄国莫斯科东南约二百公里的梁赞小镇。父亲是一个小教区的青年牧师，家里经营了一个小菜园和果园，母亲在料理家务之余常去富人家里打零工。巴甫洛夫是家中的长子，除了照顾弟弟妹妹，他还要常随父亲去菜园、果园里劳动。

虽然家庭生活并不富裕，但巴甫洛夫深受父亲的影响，从小就是一个喜欢阅读、热爱自然、热爱劳动的孩子。父亲读书的兴趣很广泛，他除了读神学书籍，也喜欢各种自然科学的著作，父亲的爱好给巴甫洛夫树立了榜样，使他从小就养成了良好的阅读习惯。父亲收藏的许多书都放在家中的阁楼里，只要一有空，小巴甫洛夫就爬上去，阅读父亲的那些藏书，这里成了巴甫洛夫接触社会与自然知识的起点。

七岁时，巴甫洛夫不慎从高台上跌落下来，在家里休养了很长时间，直到十一岁才进入教会小学开始系统的学习。他奋发图强，后来居上，最后以优异的成绩进入梁赞的教会神学院，准备成为一名牧师。

19 世纪 60 年代，俄国开始农奴制改革①，这成为俄国历史上的一个

---

① 农奴制改革，又称俄国 1861 年改革。这场由沙皇亚历山大二世推动的社会改革，废除了农奴制，使农奴成为"自由人"，标志着俄国开始走上资本主义的发展道路。

重大转折点，一些进步的教育思想开始形成。当时的许多进步书刊，使巴甫洛夫眼界大开，思想也发生了很大的转变，他开始崇尚自然科学与民主精神。

巴甫洛夫在父亲的阁楼里翻到了生理学家刘易斯[①]的著作《日常生活的生理学》，这本书通俗易懂，书中的内容深深吸引了少年巴甫洛夫，使他对自然科学产生了浓厚的兴趣，激起了他对生理学的极大好奇。此外，从皮萨列夫[②]的《动植物的进化》，他知道了达尔文的进化论，而俄国著名生理学家谢切诺夫[③]《脑的反射》一书，更是激发了他对自然科学的兴趣。

尽管巴甫洛夫出身于宗教家庭，但他不再相信上帝的存在。经过深思熟虑后，他决定放弃神学。巴甫洛夫同父亲商量不再想当传教士，而是想用科学去拯救生命，父亲十分支持他。中学还没毕业，巴甫洛夫和弟弟就双双考入圣彼得堡大学[④]，逐渐将学习重心转向自然科学。

大学期间，巴甫洛夫学习优异，多次获得奖学金，但生活还是比较清贫。为了维持生计，他经常需要走很远的路去给别人当家庭教师。付出终归会有回报，大学四年级时，巴甫洛夫完成的第一篇科学论文就获得了学校的金质奖章。

---

① 乔治·刘易斯（George Lewis，1817—1878），英国实证主义哲学家和生理学家。

② 皮萨列夫（Dmitri Ivanovitch Pisarev，1840—1868），俄国哲学家、民主主义政论家和文艺评论家。

③ 谢切诺夫（Ivan Mikhailovich Sechenov，1829—1905），俄国生理学家、心理学家，也是苏俄心理学自然科学流派的奠基人。

④ 圣彼得堡大学，全称为俄罗斯圣彼得堡国立大学（Russian St. Petersburg National University），俄罗斯最早的大学之一，始建于 1724 年。

■ "慢性实验法"研究血液循环

1878 年，巴甫洛夫受俄国著名临床医师波特金邀请，担任他的病理实验室实验员并主持工作。这个实验室的条件非常简陋，但巴甫洛夫欣然前往，他在这里潜心工作了十余年，主要研究血液循环和神经系统作用的问题。

在巴甫洛夫之前，许多生理学家都采用"急性实验法"，把动物麻醉之后迅速取下器官进行研究，这种方法忽略了动物的整体性，不能如实地说明动物体正常的生理功能。

为长期观察和研究动物的整体，巴甫洛夫创新性地设计了一种实验方法，他把动物置于正常状态下，坚持不懈地训练，长期观察它的真实活动情况，这种方法后来被人们称为"慢性实验法"。例如，他在狗的面颊上切开一个小口，再安装上唾液腺导管，使唾液不经过嘴直接流向体外，然后通过唾液分泌研究大脑神经活动。这种实验方法使他可以整体研究动物，真实地观察到生理现象，得出正确的结论。

当时，神经系统对于许多器官的支配和调节作用尚未清楚，巴甫洛夫也非常好奇神经系统和血液循环的关系，于是他就把研究的重点放到了血液循环中神经作用的问题上。在研究过程中，他用"慢性实验法"在动物的心脏发现了一种只能控制心跳强弱的特殊营养性神经，它只能控制心跳强弱，不影响心跳快慢。后来人们把这种神经称为"巴甫洛夫神经"。

巴甫洛夫还发现，心肌功能受四条神经支配，其中心肌的频率和强度各有一对神经调节。这四条神经分别发挥阻止、加速、抑制和兴奋的作用，即它不仅能够对心率发生快或慢的作用，也能对心肌收缩的强度发生增强或减弱的影响。

巴甫洛夫通过"慢性实验法"证明，生物体心脏、血管系统能够进行自动调节活动，以维持生命活动的正常进行，这一发现是当时科学界的重大突破。

在整个研究过程中，巴甫洛夫工作条件都极为恶劣，实验设备非常简陋。但是，对心脏神经系统作用等方面的研究，使巴甫洛夫不仅开辟了生理学的一个新分支——神经营养学，还于 1883 年出色地完成了博士论文，获得帝国医学科学院医学博士学位和讲师的职务。

博士毕业后，巴甫洛夫继续对心脏离心神经进行研究，他创造了哺乳动物活动的离体心脏手术，研究各种药物对于心脏和血液循环生理学的影响。

■ 著名的"假饲"实验

巴甫洛夫在大学期间就对消化系统各器官的生理机能十分感兴趣，从那时起他开始对消化系统进行研究，前后长达三十五年。

对消化系统研究的历史，可以追溯到 16 世纪，人们首先从物理学角度对胃的消化进行研究。随着化学的发展，生命的本质是化学变化的观点逐渐被科学家们接受。后来，斯帕兰札尼用人工消化实验证实胃液的消化作用。但是，一直都没有人关注过神经与消化系统的关系，当时的很多生理学家都认为胃腺和胰腺中没有神经。巴甫洛夫关注到了胃消化过程中神经的调节作用。

巴甫洛夫创造性地建立了一整套外科手术，用来观察消化系统的作用。他在健康的动物身上安装了瘘管，这些瘘管相当于观察各种消化腺的窗口，同时还能通过这些瘘管收集到消化液。经过长期重复实验和研究，巴甫洛夫获得了大量关于消化系统生理学的可靠资料，解决了许多重要难题。

1889 年，巴甫洛夫利用瘘管手术成功地进行了著名的"假饲"实验。他给狗安装胃瘘后，再将食道在颈部中央割断，然后把管口缝在颈部皮肤的创口上。狗的伤口恢复好以后，巴甫洛夫端来一盆鲜肉，放到它的面前。饥饿的狗立刻贪婪地大口吞起肉来，然而，这些肉到不了胃里。我们知道，它的食道已被切断了，于是，咽下去的肉又掉到了食盘里。

就这样，狗一直不停地贪婪地吃着，可是因为始终没有把肉送到胃里，所以它一直吃不饱，盘子里的肉也始终保持那么多。随着实验的进行，大家很清楚地看到，就在"假饲"开始后的几分钟里，插入那只狗胃里的瘘管就流出了大量的胃液，而且分泌量迅速增加，并能够持续很长时间。

这个著名的实验使人们可以直观地看到狗消化腺的分泌情况，证明了当食物还没有进入胃的时候，胃就开始分泌胃液。当时，许多科学家都称赞假饲实验是 19 世纪最有贡献的生理学实验。后来巴甫洛夫又发现，如果实验开始前切断狗的迷走神经，假饲就不会再引起胃液的分泌，这说明胃液的分泌受神经支配。后来人们发现外来神经和胃壁的内在神经共同调节胃的消化。

■ 巴氏小胃和海氏小胃

巴甫洛夫对自己选定的任何目标，都会坚持到底，从不半途而废。这一优良的品格，支撑着他成功制作了巴甫洛夫小胃，为研究胃液分泌功能以及胃液成分分析提供了保障。在假饲实验中，食物没有进入狗的胃里，无法研究胃的真实消化过程。德国著名生理学家海登海因（Rudolf Peter Heidenhain，1834—1897）曾精心研究了很多年，创制成功一种与主胃完全分离的小胃，用来研究胃液的分泌。在分离的过程中，小胃的外来神经被切断了，没有神经支配，被人们称为"海氏小胃"。

巴甫洛夫设想，如果能在海登海因研究的基础上制成一种有神经支配的小胃，研究结果将会更可信。于是1894年，巴甫洛夫设计出一个方案，他想在狗的胃上隔离出一部分，制成带有神经支配的小胃，再用来研究胃液分泌。

当时正好有一个医学生在做毕业论文，当巴甫洛夫把这个课题交给他的时候，这个学生非常恐慌，压力很大，觉得这个实验难以完成。在与巴甫洛夫一起制备小胃时，他们失败多次，让这个学生更加灰心，几乎想要放弃了。但是，坚韧的巴甫洛夫没有轻言放弃，他要坚持做到底。直至在第二十次实验时，他们终于成功了。这种方法制作出的小胃，就是巴甫洛夫小胃，也就是"巴氏小胃"，它成为生理学史上一个经典的手术模式。

巴氏小胃既保留了支配小胃的迷走神经，还保留了小胃的血液供应，又被称为有神经支配的小胃，它的分泌过程受到神经和体液因素的共同调节。巴甫洛夫正是在海登海因小胃的基础上进一步制成有神经支配的小胃，更符合生理要求，所以是一个重大的改进。巴氏小胃不仅能收集纯净的胃液，而且如同一面镜子能准确地反映大胃的活动情况。

在将近二十年的时间里，巴甫洛夫利用巴氏小胃开展了大量的研究，获得了关于消化腺分泌的全过程，还有消化液成分的基本数据，为研究神经系统对消化过程的调节机制奠定了基础。

巴甫洛夫还研究了食物的质与量、神经受损、生理因素和致病因素等对消化系统的影响。他将这些研究结果汇总成了经典著作《关于主要消化腺工作讲义》，这不仅推动了生物学的研究，对于营养学和医学也有重大价值。1904 年，巴甫洛夫因在消化系统生理学方面的开拓性成就获得诺贝尔生理学或医学奖。

■ 巴甫洛夫的狗与条件反射

科学是一个无穷无尽的探索过程，很多著名的科学成果都是源自平时生活中的发现，巴甫洛夫在狗身上的发现远不止消化系统的研究成果。在消化生理研究基础上，巴甫洛夫在狗身上又发现了条件反射，它的创立，成了世界科学宝库的一份财富。

19 世纪，许多科学家都认识到精神活动是大脑完成的，但这些认识都是猜测，并没有可靠的实验证据。巴甫洛夫在研究消化生理学时观察到，动物在看到或嗅到食物时就会分泌唾液和胃液。进入 20 世纪，巴甫洛夫将这些发现和大脑联系起来，开始致力于大脑生理活动的研究。

巴甫洛夫开辟了一条通往认知学的道路，这要归功于那只流口水的狗。观察是科学研究的根本，只有善于观察才能有更大的发现。在观察狗的消化时，巴甫洛夫发现，狗在吃食物、闻到食物、看到食物、靠近食物的时候，都会分泌唾液。每一次，巴甫洛夫给狗食物之前，都会开启一个节拍器，他一直这样重复。后来他惊奇地发现，狗在听到节拍器而没有食物时，也会分泌唾液。之后，巴甫洛夫又将节拍器换成了铃声、哨子等，结果都是一样的。后来，巴甫洛夫一直只给狗节拍器、铃声、哨子，而不给狗食物，渐渐地，狗也就不分泌唾液了。

通过这一系列的发现，巴甫洛夫提出，食物的刺激和分泌唾液是有联系的，而且是不需要学习的非条件性反射。节拍器、铃声、哨子这些

巴甫洛夫进行条件反射实验

刺激，使狗学会了这些刺激和食物是联系在一起的，才会分泌唾液，这是需要学习的条件性反射。

巴甫洛夫所做工作的重要性是不可估量的。条件反射是动物和人类最普遍的现象。在我们的生活中，有些反应如果训练好的话，对人也是有益的。比如对危险的条件反射，如果在危险来临之前，身体能够快于大脑一步地做出反应，那么你躲避危险的概率将会更大，毕竟大脑也有懵的时候。

此外，在研究动物高级神经活动的基础上，巴甫洛夫还提出了第一信号系统和第二信号系统学说。第一信号，如光、声、嗅、味、触等感觉刺激，是具体的信号；第二信号，如人类的语言，是抽象的信号。巴甫洛夫还发现，人的高级神经活动除了第一信号系统，还具有动物所没有的第二信号系统。

巴甫洛夫条件反射和信号系统理论的提出，无疑对人类特有的高级神经活动所做的科学论述开辟了新的途径。可以毫不夸张地说，巴甫洛夫是大脑生理学的重要创始人，他的研究对20世纪初期的生理学、医学、心理学的发展产生了巨大影响。

■ "巴甫洛夫很忙……"

巴甫洛夫虽出身贫寒，但始终为自己热爱的事业而努力，坚持从事科学研究，即使条件再艰苦，也从不懈怠。1881 年他与谢拉菲玛结婚，婚后生活条件更为困难，因为租不起房子，有一段时间巴甫洛夫只好住在实验室里。一些好心的朋友邀请他去开设讲座，这样可以资助他一些讲课费。但是，巴甫洛夫却把这些钱都用在买实验动物和仪器上，自己虽然生活十分困难，却分文未留。

十月革命①胜利后，俄国处在百废待兴的状态，人民生活极为艰苦。巴甫洛夫实验室经常停电、断水。由于缺乏饲料，实验用狗一条条饿死。列宁曾委托高尔基②去看望巴甫洛夫，询问他有什么困难，而巴甫洛夫绝口不提家中生活的困难。他只是激动地喊道："我们需要狗，需要狗！"政府曾专门派人送一些口粮和食品给他，他也没有接受，"我的同事没有这些东西，我也无权享受。"巴甫洛夫说道。

巴甫洛夫虽然取得了举世瞩目的成就，但他热爱祖国，为人谦逊、质朴，生活勤俭。国外一些大学多次聘请他去担任教授，巴甫洛夫都没有去，虽然条件艰苦，他也宁愿留下来为俄国的科学事业贡献力量。巴甫洛夫还是一个非常守时的人，周围的人甚至可以按照他到实验室工作的时间来核对钟表。

---

① 十月革命，又称俄国十月革命，指发生在俄历 1917 年 10 月 25 日（公历 11 月 7 日）、由列宁的布尔什维克所领导的一场革命。这场革命推翻俄罗斯共和国（临时政府），建立了俄罗斯苏维埃政权。

② 马克西姆·高尔基（Maxim Gorky，1868—1936），苏联时期的著名作家、诗人，曾任苏联作家协会主席。代表作有《母亲》等。

令人敬佩的是，这位将一生都献给科学的生理学家在生命垂危之际，还将自己关在小屋子里向助理叙述生命消逝的感受，希望凭借自己的经历为科学留下更多了解死亡过程的资料。"巴甫洛夫很忙……"是巴甫洛夫在生命的最后一刻说的，当时有人敲门，想进来看看他。对于人们的关心、探望，他只好不近人情地加以拒绝"巴甫洛夫很忙……巴甫洛夫正在死亡。"

巴甫洛夫既是一位卓越的科学家，也是一位优秀的教师。他十分关心青年人的成长，逝世的前一年，也就是1935年，他还专门写了一封热情洋溢的信给苏联青年，总结自己毕生的经验，指导青年一代攀登科学高峰。

附：致青年们的信

我对于我国献身科学的青年们希望些什么呢？

第一，要循序渐进。每当我谈到这个为进行有效的科学工作所必须具备的最重要条件时，总不能不感到心情激动。要循序渐进，循序渐进，循序渐进。你们从一开始工作起，就得在积累知识方面养成严格循序渐进的习惯。你们在想要攀登科学顶峰之前，首先应当研究科学的初步知识。如果还没有充分领会前面的东西，就决不要动手搞后面的东西。决不要企图掩饰自己知识上的缺陷，即便用最大胆的推测和假设去掩饰，也是要不得的。不管这种肥皂泡的色彩多么使你们炫目，但肥皂泡不免要破裂，于是除了惭愧以外，你们将一无所得。

你们要养成严谨和忍耐的习惯。要学会做科学中的粗活。要研究事实、对比事实、积聚事实。鸟的翅膀无论多么完善，如果不依靠空气支持，就决不能使鸟体上升。事实就是科学家的空气。没有事实，你们就永远不能飞腾起来；没有事实，你们的"理论"就是枉费心机。

但是，在研究、实验和观察的时候，要力求不停留在事实的表面。你们不要变成事实的保管人。要设法洞悉事实发生的底蕴。要坚持不懈地寻求支配事实的规律。

第二，要谦虚。无论在什么时候，总不要以为自己已经知道了一切。不管别人怎样重视你们，你们都要有勇气对自己说：我没有学问。决不要陷于骄傲。一有骄傲，你们就会在应该同意的场合固执起来；一有骄傲，你们就会拒绝有益的劝告和友好的帮助；一有骄傲，你们就会丧失客观性的准绳。在我所领导的这个集体内，互助气氛解决一切。我们大家联结在一个共同事业上，每个人都按自己的力量和可能来推进这个共同事业。在我们这里，往往辨别不出哪是"我的"，哪是"你的"。但是，正因为这样做，我们的共同事业才赢得胜利。

第三，要有热情。你们要记住，科学需要一个人贡献出毕生的精力。假定你们有两次生命，那还是不够的。科学需要一个人有极紧张的工作和伟大的热情。希望你们热情地工作，热情地探讨。

我们的祖国给科学家开辟了广阔的活动场所。应该公正地说，在我国，科学正在广泛地应用到生活中去。简直广泛到非常的程度。

关于我国青年科学家的地位还有什么可说的呢？这方面的情形已经很清楚了。给他们的多，但向他们要求的也多。青年们像我们那样，必须不辜负祖国寄予科学的厚望，这是有关荣誉的问题。

伊·彼·巴甫洛夫

摩尔根

Thomas Hunt Morgan

姓　　名：托马斯·亨特·摩尔根 (Thomas Hunt Morgan)

出 生 地：美国肯塔基州列克星敦 (Lexington)

生 卒 年：1866—1945

主要贡献：证明基因在染色体上呈线性排列，发现遗传学第三定律

主要著作：《进化与适应》《实验胚胎学》《胚胎学与遗传学》《基因论》

在生物学研究的历史上，摩尔根是继孟德尔之后最重要的遗传学家。他发现了遗传的第三个规律，并证明了染色体是基因的载体，为生物学的基因研究奠定了基础。

■ 名门望族的"异类"

1866 年，孟德尔的《植物杂交实验》论文出版的那一年，在美国肯塔基州的列克星敦市诞生了一个小男孩，他就是托马斯·亨特·摩尔根。

摩尔根的祖先是英国贵族，父母都出身于名门望族。虽然南北战争[①]使他们的家境败落，但家人们还是热衷于追忆往昔的繁华，对昔日的荣耀引以为傲。摩尔根的家族成员大多从政，曾出过外交官、议员、军人、律师等优秀人物，大家都希望小摩尔根能够重振家族的雄风，但摩尔根却是家族中的一个"异类"。

摩尔根从小酷爱读书，也不在意外表，他时常泡在书房里忘记吃饭，几乎把自己全部的注意力都放在了探求知识上。其他孩子都在玩耍的时候，只有他静静地读着自己喜欢的书。

摩尔根不仅仅喜欢阅读和思考，还是一个天生的"博物学家"，善于观察和动手，他对大自然中的一切充满好奇，喜欢冒险。小时候，摩尔根经常趴在地上观察昆虫采食和筑巢，半天也不起来。长大一点就学会了制作标本，甚至大着胆子亲手解剖小动物。

---

① 南北战争（American Civil War，1861—1865），指美国独立后，北方各州联盟与南方蓄奴州联盟发生的一场大规模内战。战争以南方联盟炮击萨姆特要塞为起点，最终北方联邦获胜。南北战争消灭了蓄奴制，推动了美国社会的迅速发展。

在摩尔根十岁的时候，父母同意他把家里的两个房间改装成小小实验室，从此这里便成了摩尔根的私密领地。小摩尔根自己动手刷油漆、糊壁纸，把两个房间装饰一新。房间里面摆满了摩尔根亲手采集和制作的各种标本。直到摩尔根离世，这些标本都一直保留着。

十四岁初中毕业，摩尔根直接考入了肯塔基州立大学[①]的预科班，两年后，顺利进入大学攻读理科学士学位。这里的管理非常严格，只有经过校长特许，才能带别的书进入学校。但那么几本单调的教材怎么能满足爱读书的摩尔根呢！他经常偷偷把自己的书带进学校，即使不止一次被发现，甚至受到处罚，也阻挡不了摩尔根阅读的脚步。

肯塔基州立大学的教师都非常出色，在那里，摩尔根接受了数学、物理、天文、农业、化学等基础学科的教育，他对这些课程都极为感兴趣，这些知识也为他日后的遗传学研究奠定了基础。幸运的是，在这里摩尔根遇到了两位杰出的博物学教授，每年暑假他都随教授参加调查活动，这使他的知识与日俱增。

大学毕业后，同学们大多去经商或者兴办农场，但摩尔根却没有随波逐流。经过慎重的思考，他觉得进行科学研究才是自己最想做的事情，于是决定攻读研究生。他报考了霍普金斯大学[②]研究生院的生物学系。当时的霍普金斯大学规模并不大，也没有什么名气，仅仅创办了十年。但很快，摩尔根就爱上了这所学校，为自己正确的选择而高兴。

当时美国其他大学的研究主要侧重于应用方面，而霍普金斯大学更加注重基础科学的研究。在这里几乎所有的课程都是在实验室进行，单

---

① 肯塔基州立大学（Kentucky State University），1886 年成立，是肯塔基州第二所国家支持的高等学府，超过一半的学生都是非洲裔美国人。该大学被普林斯顿评论列为"最佳东南大学"。

② 约翰斯·霍普金斯大学（Johns Hopkins University），位于美国马里兰州巴尔的摩市，成立于 1876 年，是一所世界顶级的著名私立大学，美国第一所研究型大学。迄今为止，该大学共有三十多人获得过诺贝尔奖。

纯的课堂教学基本上没有。学校还特别注重培养学生认真的工作态度和求真务实的科学精神。在这样的环境中，摩尔根自然受益匪浅。正是在这里，他学会了"一切都要经过实验"，并将它作为自己坚守一生的科研信条，这使他获得了众多研究成果，并最终做出了卓越的贡献。

硕士毕业后，摩尔根收到了母校肯塔基州立大学的博物学教授聘书，虽然当时他的家境已经窘迫，经济压力巨大，但是他依然不想放弃进行科学研究的梦想，于是继续留在了霍普金斯大学攻读博士学位。1891年，摩尔根完成了关于海蜘蛛的论文，获得博士学位，然后出任了布林莫尔学院[①]生物学副教授，生平第一次走上讲台。

1903年，受好友的邀请，摩尔根成为哥伦比亚大学[②]实验动物学的首席教授。这是摩尔根一生中的重要转折点，他在哥伦比亚大学度过了将近四分之一个世纪，并在这里创立了以果蝇为实验材料的实验室，从事遗传学和进化方面的研究工作，硕果累累。

■ 小小"蝇室"内的大发现

在19世纪，孟德尔发现的遗传定律一直被湮没，然而，显微技术的进步，大大地推进了生物学的发展。科学家们在细胞分裂、染色体行为和受精过程等方面取得的突破性研究成果，从另一个侧面也推动了遗

---

① 布林莫尔学院（Bryn Mawr College），1885年建校，是位于美国宾夕法尼亚州的一所女子学院。

② 哥伦比亚大学（Columbia University in the City of New York），位于美国纽约曼哈顿，简称哥大。其前身为1754年由英国国王乔治二世颁布王室特许状成立的国王学校，是美国历史最悠久的五所大学之一。这所大学培养了九十多位诺贝尔奖获得者及包括杜威、胡适、马斯洛等众多学术领袖与知名人士。

摩尔根的"蝇室"

传学的进步。

1903 年，孟德尔豌豆杂交试验论文被重新发现三年后，萨顿和鲍维里[1]提出了遗传因子位于染色体上的假说。这个推测圆满地解释了孟德尔遗传现象，引起了生物学界的广泛关注。虽然在当时这个理论缺乏更多的实验证据支持，却促使人们开始从细胞学水平思考杂交实验。

要证实染色体是基因载体，就得把某个特定的基因与某条具体的染色体联系起来。但这个时候，摩尔根对孟德尔的理论和基因是否存在还心存疑虑，对萨顿和鲍维里的假说也持怀疑态度。可他深信突变在生命体的进化过程中起着作用。于是，摩尔根将集中精力研究动物的突变问题，期待为遗传学和进化论提供证据。

孟德尔凭借他后花园的小豌豆，发现了遗传因子的分离和自由组合，使其成为遗传学之父。而摩尔根则凭借易于饲养且生育能力强大的果蝇，对染色体学说做出了决定性贡献，成为现代遗传学之父。摩尔根设想通过培育出有用的突变个体，从而能在其后代中跟踪一种特性，把

---

① 鲍维里（T.H.Boveri，1862—1915），德国细胞学家。他与萨顿对染色体与遗传关系的阐述被称为"萨顿—鲍维里染色体遗传学说"。

某个特定的基因跟某条具体的染色体联系起来。

　　果蝇实验室建在了哥伦比亚大学的一栋大楼里，被同事戏称为"蝇室"，里面除了几张旧桌子外，就是几千个牛奶瓶，瓶子里培养着千千万万只果蝇。实验室附近的居民发现一个怪现象，他们放在家门口的牛奶瓶经常丢失。那么多的牛奶瓶跑到哪里去了？原来，果蝇繁殖速度非常快，为了装下大量的果蝇，摩尔根和他的研究生便把附近居民的牛奶瓶带回了实验室。

　　实验室的果蝇被摩尔根和他的助手们折腾得够呛，为了诱发果蝇发生基因突变他们用各种手段"折磨"这些果蝇。有时将果蝇置于高温或低温下饲养，有时喂给它们不同寻常的食物，有的时候甚至用酸、碱、盐、糖、X射线处理蝇卵。然而，一两年时间过去，也没有发现特别的果蝇。朋友拜访时，面对着一排排的果蝇瓶子，摩尔根略带伤感地哀叹道："过去两年我一直在喂果蝇，但是却徒劳无功。两年的辛苦工作都白费了。"

　　然而，摩尔根并没有就此放弃，他继续潜心钻研。功夫不负有心人，1910 年 5 月，摩尔根的实验室里终于出现了一只奇特的果蝇，这就是那只具有划时代意义的白眼果蝇。实验室里的果蝇都是红眼的，他们从未见过这种白眼的果蝇，所以认定它是一种罕见的突变品种。

　　摩尔根欣喜若狂，他极为珍惜这只白眼果蝇，倍加小心地照料它。摩尔根将它装在瓶子里，每天都要把这只白眼果蝇带回家，睡觉时放在床边单独喂养，第二天再把它带回实验室。摩尔根悉心观察这只果蝇，生怕它出现意外。当时，摩尔根的第三个孩子出生，他赶往医院时，妻子见到他的第一句话竟是："那只白眼果蝇怎么样了？"他们的第三个孩子长得很好，但那只白眼果蝇却很虚弱。过了一会儿，摩尔根又说："但是我相信它和我们的孩子一样是上天赐给我们最好的礼物。"

　　这只白眼果蝇虽然一直很虚弱，但是它不负众望，临死前同一只正常的红眼果蝇交配，把突变基因传了下来，繁衍成了一个大家族。它留下的一千二百四十只后代中，几乎全部都是红眼果蝇。

显然红眼对白眼是显性，正好符合孟德尔的实验结果，摩尔根不觉暗暗地吃了一惊。这些果蝇交配得到的第二代中，红眼与白眼的比例约为3:1，这完全符合孟德尔的研究结果。摩尔根对孟德尔更加佩服了，他确信孟德尔的理论是完全正确的，从此成为孟德尔的坚决拥护者。

当摩尔根再次梳理这个杂交实验结果时，他又有了一个新的发现。第二代的雄性果蝇中，有一半红眼睛，另一半是白眼睛，但雌性全部都是红眼。这和孟德尔的自由组合定律结果不符，该如何解释呢？对此，摩尔根推测："眼色基因与性别决定基因关联在一起，该基因位于X染色体上。"后来，经过反复的杂交实验，摩尔根证明了这个事实，这也为萨顿和鲍维里的假说提供了证据，也从细胞学角度为孟德尔遗传定律提供了有力的证据。

1928年，摩尔根发表了著名的《基因论》，提出了染色体是基因的载体。摩尔根和他的学生还推算出了各种基因的染色体上的位置，并画出了果蝇的四对染色体上基因排列的位置图，基因学说从此诞生了。

摩尔根在实验室

摩尔根的发现对世界产生了广泛的影响，给分子生物学的产生和发展准备了条件，也为预防和治疗遗传病开辟了道路。从此，遗传学结束了空想时代，重大发现层出不穷，成为 20 世纪最活跃的研究领域之一。研究果蝇的科学家很多，但只有摩尔根最终获得了重大发现，不得不说，这与他求真务实的实验信条和锲而不舍的精神密不可分。

摩尔根《基因论》的中文版本

■ 揭秘遗传学第三定律

自从发现了白眼突变体，摩尔根和他的学生们又相继发现了残翅、黄体等其他突变体，其中黄体和白眼这两个性状总是关联在一起。据此，摩尔根认为这两个基因位于同一染色体相近的位置。一生信奉"一切都要经过实验"的摩尔根，在 1911 年发表了一篇少见的纯理论性文章，其中指出在同一染色体位置相近的基因会连锁，在遗传上会相连，两种性状会有关联。

然而不久之后，他的学生发现了小翅果蝇突变体，小翅基因与白眼基因都位于 X 染色体。根据摩尔根的理论，后代红眼果蝇一定是正常翅，白眼果蝇一定是小翅。但是实验结果却表明，后代中出现了一些重组类型。对于这个现象，摩尔根解释道：同一条染色体上的基因连锁并不牢靠，有时染色体会发生断裂，与它的同源染色体互换一部分基因，而且两个基因在染色体上的位置相距越远，这种互换的可能性就会越大，这就是互换定律。就这样，摩尔根和他的学生们发现了基因的连锁和交换律，这是继孟德尔两大遗传定律之后的伟大发现，因此被后人称为遗传学第三定律。

直到 1925 年，摩尔根的团队已经鉴定了约一百个不同的基因。它们看起来如串珠般有序地排列在染色体上。并且通过交配实验，可以测量染色体上基因间的距离。后来，为了纪念摩尔根，人们用"厘摩(cM)"表示染色体图上基因之间的遗传距离。

1933 年的一天下午，摩尔根正在家中小院里悠闲地读书，这时有人送来一份电报。上面写道："正值诺贝尔诞辰一百周年之际，摩尔根由于对遗传的染色体理论的贡献而被授予诺贝尔奖生理学或医学奖。"摩尔根是第二位因遗传学研究成果而荣获诺贝尔奖的科学家，在美国是第一位，也是霍普金斯大学的第一位诺贝尔生理学或医学奖获得者。从此，摩尔根被公认为"现代遗传学之父"。

但是，摩尔根并没有立即去瑞典参加颁奖仪式。因为那一年他正好发现了果蝇唾液腺中的多线染色体[1]，对这种染色体的观察，可以验证摩尔根遗传定律的正确性。第二年，有关果蝇多线染色体的研究完成，结果确实能够支持染色体是基因的载体，摩尔根才去领奖。

摩尔根深知，他取得的成就不是自己一个人的功劳。于是，他把奖

---

① 多线染色体（polytene chromosome），一种缆状的巨大染色体。存在于一些生物生命周期的某些阶段的细胞中，由核内有丝分裂产生的多条相同染色质纤维并行排列而成。

金分成了三份,其中两份分给了他的学生斯特蒂文特[1]和布里奇斯[2]。斯特蒂文特用染色体上线性排列表示基因连锁的紧密程度,通过重组发生频率推出两个基因之间的距离,画出了世界上第一张遗传图谱。而布里希斯在果蝇的实验室培养条件如光线、麻醉方法方面做出很多改进,更详细地描述了果蝇的多线染色体,他做的多线染色体图谱在之后的几十年,都是科学家们参考的标准。

摩尔根创立的基因理论促使生物学研究从细胞水平过渡到分子水平,促进了遗传学向生物学其他学科的渗透。摩尔根的研究影响了遗传学发展,他创立的遗传染色体理论以及他对胚胎学所做出的巨大贡献,使他当之无愧地成为 20 世纪重要的生物学家之一。

在国际遗传学大会上,有人问他为什么会有这么多的发现,摩尔根回答:"一靠勤奋,二靠实验材料得当,三靠愿意放弃任何没有证据的假说……"

---

[1] 艾尔弗雷德·斯特蒂文特 (Alfred Henry Sturtevant,1891—1970),美国遗传学家。1910 年开始在摩尔根的实验室工作。后任加利福尼亚州理工学院教授。

[2] 卡尔文·布里奇斯(Calvin Blackman Bridges,1889—1938),美国遗传学家。曾任卡内基研究所研究员,后在哥伦比亚大学摩尔根实验室工作。

艾弗里

Avery Oswald Theodore

姓　　名：奥斯瓦尔德·西奥多·艾弗里 (Oswald Theodore Avery)

出 生 地：加拿大哈利法克斯 (Halifax)

生 卒 年：1877—1955

主要贡献：完善肺炎双球菌的转化实验，确认"DNA是转化因子"

现代生物学已发展成为一个具有多层次、多分支、多学科、系统且完整的科学体系。其中分子遗传学、分子生物学是具有基础意义的学科分支，而我们现在提及的艾弗里便是这些生物基础研究领域里的先驱之一。

■ 一个文科生的学医之路

艾弗里是加拿大裔美国人。他的父亲出生于英国诺维奇，是一个牧师，婚后移居加拿大的海滨城市哈利法克斯。1877年，小艾弗里就出生在这里。

艾弗里的父亲在哈利法克斯的传教工作非常出色，深受人们的爱戴。1887年，他受邀到美国纽约市的一座教堂做神职工作，因此举家迁居到纽约。

在父母的影响下，年幼的艾弗里早早就开始参与教堂事务，为了吸引新的参加者，小艾弗里和他的哥哥负责在教堂的台阶上演奏黑管。有一次教堂的管风琴坏了，父亲聘请一位德国短号演奏家来演奏，很幸运的是艾弗里和哥哥得到了这位演奏家的指导。小艾弗里勤奋努力，他很快就成为一名出色的短号手，还获得了国家音乐学院的奖学金。这使他日后有机会与国家音乐学院合作，演奏了捷克作曲家德沃夏克①的第九交响曲《自新大陆》。

当时，新教牧师都很关注孩子的教育，会尽其所能给孩子提供良好的

① 安东·利奥波德·德沃夏克（Antonin Dvorak，1841—1904），19世纪世界著名作曲家，捷克民族乐派的主要代表人物。音乐作品有《b小调大提琴协奏曲》《狂欢节序曲》《奥赛罗序曲》等。《自新大陆》交响曲又称《e小调第九交响曲》，是其创作的最后一部交响曲。

教育机会。艾弗里正是出生在这样的一个家庭，所以，即使在十五岁时，家庭发生重大变故——他的哥哥和父亲相继去世，艾弗里的学习也没有中断。艾弗里先在纽约一所普通的文法学校就读，十六岁毕业后进入纽约的科尔盖特学校，十九岁那年进入科尔盖特大学[1]，获得文学学士学位。

艾弗里在中学和大学学习期间勤奋努力，全部功课成绩都是优等，尤其擅长文学、演讲和辩论。因为想在未来成为一名神职人员，艾弗里在大学期间主修了人文科学。但到了大学毕业的时候，艾弗里改变了主意，他放弃了成为牧师的愿望，转向医学研究。

1900 年，艾弗里进入哥伦比亚大学医学院学习，这是当时美国最负盛名的医学院。1904 年，艾弗里获得了医学博士学位，随后做了临床外科医生。霍格兰实验室是美国的一家私立研究机构，位于纽约的布鲁克林区，这个实验室主要致力于致病细菌的研究。1907 年，艾弗里进入霍格兰实验室细菌部任助理，开始细菌学研究。

实验室主任本杰明·怀特在生物化学和实验技术方面对艾弗里进行了很多的指导。起初艾弗里研究酸奶微生物。后来，怀特遭受严重的肺部感染，这在当时是非常严重的疫病，大家都不知道患病的原因。为了搞清楚病因，艾弗里决定把精力放在肺炎的研究上。从此确定了他的研究方向，再也没有动摇过。

在霍格兰实验室的学习和研究工作奠定了艾弗里一生研究的基础。之后，他一直致力于研究致病菌的生化组成，希望以此了解病菌的生物活性。1913 年，艾弗里转到纽约的洛克菲勒医学院[2]工作，直到 1948

---

① 科尔盖特大学（Colgate University），位于纽约州汉密尔顿市，1819 年创建，是美国著名的私立文理学院。

② 洛克菲勒医学研究所，即洛克菲勒大学前身，由美国实业家、慈善家洛克菲勒（John Davison Rockefeller，1839—1937）于 1901 年在纽约建立。是一家世界顶尖的生物医学教育研究机构，取得了众多的医学成果，并诞生了二十多位诺贝尔奖获得者。

年退休。

■ 对抗"人类死亡的罪魁祸首"

肺炎是一种长期困扰人类的疾病，在抗生素被广泛应用以前常常会导致病人死亡。著名内科医生、现代医学之父威廉·奥斯勒[1]曾把肺炎称为"人类死亡的罪魁祸首"。

1881年，法国的巴斯德和美国军医乔治·米勒·斯坦伯格(George Miller Sternberg，1838—1915)分别分离得到了一种细菌，他们发现这种细菌是引发大叶性肺炎的罪魁祸首，因为它与链球菌非常相似，所以命名为肺炎链球菌。

后来，洛克菲勒医学院院长科尔准备用马的血清治疗肺炎，但遇到了技术上的瓶颈。1913年，艾弗里的一篇论文引起了院长的注意，他邀请艾弗里到洛克菲勒医学院肺炎项目组工作。从此，艾弗里专注于肺炎链球菌的研究，直到退休离开纽约。

艾弗里初到洛克菲勒医学院的时候，他的主要任务是制备马的血清，并通过计算抗肺炎链球菌的活力检测抗血清的有效性。艾弗里很快发现抗血清虽然不能杀死病菌，但能抑制病菌体内的酶。于是，艾弗里认为血清通过抑制酶活性抑制病菌代谢，进而抑制病菌的生长，起到免疫作用。于是，他提出了"抗生长免疫"的概念，以解释免疫的机制。但这一理论并没有被人们认可，甚至洛克菲勒医学院内部的大多数学者

---

[1] 威廉·奥斯勒（William Osler，1849—1919），加拿大著名医学家、教育家，现代医学教育与观念的开创者。他创立的住院医师制度和床边教学制度以及对临床医生人文情怀的强调影响深远。著有《临床内科原理》《近代医学之进展》等。

也不认同。

由于第一次世界大战，艾弗里中断了研究，直到 1919 年才得以重返医学院。他认为只有清楚地了解肺炎链球菌的结构、化学成分、生理活性、免疫学特性和遗传机理，才能更好地了解肺炎。在这一理念的指导下，艾弗里开始与很多学者合作研究。

艾弗里和同事发现肺炎链球菌的培养基中含有特异性物质，肺炎链球菌株型不同产生的这种物质也不同，他们把这种物质称为"特异性可溶性物质"。同时艾弗里还发现在病人的尿液中也含有这种物质，从而发展了一种快速鉴定肺炎链球菌株型的诊断方法，这种方法因不需要进行细菌培养，而极大地加快了对肺炎病人的诊断和治疗。

艾弗里确信，了解"特异性可溶性物质"的化学本质，一定有助于肺炎的治疗。于是他求助于化学家，最终确定了"特异性可溶性物质"来源于细菌外部的荚膜[①]，它能导致病人发生特异性免疫反应。研究发现，这种物质是一种复合的多糖。因此，艾弗里把肺炎链球菌戏称为"糖衣包裹的微生物"。

随着研究的深入，艾弗里发现肺炎链球菌的毒性依赖于它产生荚膜的能力，有荚膜的细菌有毒性，没有荚膜则无毒性。之所以有毒性，是因为荚膜能够保护细菌不被免疫系统攻击。荚膜的组成成分主要是多糖，多糖结构的差异导致不同类型的肺炎链球菌有不同的免疫学特性，生物可以针对不同化学结构的荚膜产生不同抗体。因此，可以利用含有不同抗体的抗血清对肺炎链球菌进行分型。

发现荚膜多糖的重要性后，艾弗里希望用降解多糖的方法治疗肺炎。功夫不负有心人，几年后他确实找到了降解多糖的酶，可用于治疗肺炎。但是，用蛋白质性质的酶作为药物治疗肺炎，效果不如抗生素，

---

① 荚膜（capsule），一些细菌的最外表覆盖着一层多糖类物质，边界明显的称为荚膜，是细菌表面的特殊结构。

因而未得到广泛应用。即使这样，这种酶的发现也在艾弗里后来的研究工作中起到了重要作用。这些研究成果开拓了用生物化学方法研究免疫学的新思路。

■ 诺贝尔奖的遗憾

艾弗里的主要工作是研究肺炎的诊断、治疗和预防，而转化实验是他的"副业"，可以说肺炎链球菌转化实验刚开始是无心插柳，但最后绿树成荫，成为巨人的肩膀，推动了遗传学的进步。

1923年，英国卫生部病理实验室的格里菲斯[1]首先发现肺炎链球菌有光滑型（S型）和粗糙型（R型）两种菌落，前者致病，后者不会致病。1928年，格里菲斯发现S型细菌加热后与R型细菌同时注射到老鼠体内，也可以导致小鼠死亡，而且从死去的老鼠身上可以获得活的S型细菌。这一结果表明R型菌转化成了S型菌，而且这种转化还可以遗传。

格里菲斯认为S型菌中存在转化因子，将R型菌转化成了S型，非常可惜的是他还没来得及研究转化因子的性质，就丧生于1941年德国的空袭中。

艾弗里对格里菲斯的研究很感兴趣，但是起初他并不相信格里菲斯的发现。后来，艾弗里和他的同事进行了转化因子提取实验，结果让他不仅认同了格里菲斯的观点，还有了更大的发现。

---

[1] 弗雷德里克·格里菲斯（Frederick Griffith，1879—1941），英国医生。他在1928年进行的一系列生物学实验中发现转型定律，该实验被称为"格里菲斯实验"。

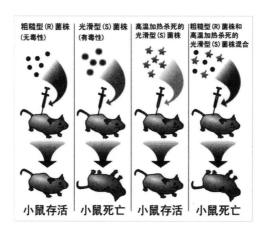

粗糙型(R)菌株 (无毒性)	光滑型(S)菌株 (有毒性)	高温加热杀死的 光滑型(S)菌株	粗糙型(R)菌株和 高温加热杀死的 光滑型(S)菌株混合
小鼠存活	小鼠死亡	小鼠存活	小鼠死亡

格里菲斯的转化实验

艾弗里等人在实验中,先加热杀死肺炎链球菌,使转化因子免受细菌内酶的破坏。同当时的其他科学家观点一样,起初他们也以为转化因子最可能是某种蛋白质。但是,当他们用蛋白酶从提取物中除去各种蛋白质后,剩余的物质仍保持着转化能力。他们又相继从提取物中去除类脂、多糖、核糖核酸(RNA)等物质,细菌仍然有转化能力。最后,艾弗里发现只要提取物中还有脱氧核糖核酸分子(DNA),即使剂量很低,细菌也能完成转化。

通过大量的体外转化实验,1944年,艾弗里等人将研究结果公之于世,首次提出DNA是肺炎链球菌的转化因子,而不是当时人们普遍认为的蛋白质。

艾弗里生活的年代,人们对蛋白质已经有了深入的了解,但是对DNA的认识非常有限。人们知道蛋白质是由氨基酸连接成的大分子,氨基酸可以按照不同的方式形成结构复杂和功能多样的蛋白质。所以,人们大多很自然地想到蛋白质可能蕴含遗传信息。在这样的背景下,艾弗里的"DNA是遗传物质"的研究成果就具有了石破天惊的效果。

1944年,正处于第二次世界大战的关键时期,由于战争的影响,许多生物学家无法看到艾弗里的实验结果,延迟了这个研究结果的传播。此外，许多生物学者对艾弗里的实验结果也还有很多疑惑。

考虑到人们的质疑，诺贝尔奖评选委员会认为最好等到DNA的转化机理更多地为人们所了解的时候再说，因此，诺贝尔奖没有颁给艾弗里。但等到科学界普遍认可艾弗里的研究时，他已经驾鹤西去。评选委员会不得不承认："艾弗里于1944年关于DNA携带信息的发现是遗传学领域中一项最重要的成就，他没能得到诺贝尔奖是很遗憾的。"艾弗里就这样与科学界的最高奖项失之交臂。

艾弗里的发现开创了生命科学的新纪元，引发了现代生物学的巨大变革，为分子遗传学的诞生奠定了基础。为了纪念艾弗里对科学的突出贡献，1976年国际天文联合会正式将月球上的一座环形山命名为艾弗里环形山。

弗莱明

Alexander Fleming

姓　　名：亚历山大·弗莱明 (Alexander Fleming)

出 生 地：苏格兰洛克菲尔德

生 卒 年：1881—1955

主要贡献：发现青霉素、溶菌酶

主要著作：《关于霉菌培养的杀菌作用》

19 世纪末，许多微生物学家就已观察到"一种生物消灭其他生物以求生存"的抗生现象。而弗莱明这个名字便是与第一个被偶然发现的抗生素——青霉素（Penicillin，盘尼西林）紧密联系在一起的。青霉素的发现，不仅挽救了数以百万计人的生命，也开创了抗生素疗法的新纪元，为医学带来革命性的变化。1945 年诺贝尔生理学或医学奖颁给了发现青霉素并将其应用推广的弗莱明、弗洛里[①]、柴恩[②]。

■ 接种部助理奔赴战场救治伤员

1881 年 8 月 6 日，亚历山大·弗莱明出生在苏格兰的山区小镇洛克菲尔德，他的成长之路并非一帆风顺。七岁那年，弗莱明的父亲不幸去世，母亲和大哥辛辛苦苦地抚养他和几个兄弟。由于从小生活在乡间，在碧绿的田野上奔跑，在清澈的小溪旁玩耍，使幼小的弗莱明已经学会了细致的观察自然，锻炼了他超强的观察能力。

弗莱明十三岁时，哥哥大学毕业并在伦敦开业行医，弗莱明去了伦敦一所技校学习。后来，在哥哥的建议和支持下，弗莱明也准备学医。二十岁那年，弗莱明顺利通过了伦敦大学圣玛丽医学院[③]的测试，获得入学资格。从此，他投身于医学的书海中，苦心钻研。

[①] 霍华德·弗洛里（Howard Walter Florey，1898—1968），英国著名病理学家。他对青霉素进行了化学、药理、毒理等方面的系统研究。

[②] 恩斯特·伯利斯·柴恩（Ernst Boris Chain，1906—1979），侨居英国的德国生物化学家。成功分离提纯青霉素，解决了青霉素的浓缩问题，为青霉素大规模生产奠定了基础。

[③] 圣玛丽医学院，1845 年成立。曾是伦敦大学的一部分，后成为一家公立医院，以为英皇室成员接生而闻名。

弗莱明在实验室

在医学院学习期间，弗莱明成绩突出，获得了各类奖学金。毕业时，弗莱明获得了医学学士和理学学士双学位，又获得了伦敦大学的金质奖章。从此，他有了独立经营诊所的资质，但是，弗莱明并没有去开诊所。

1906 年起，弗莱明进入英国著名传染病理学家和抗菌治疗学家赖特[①]的实验室，他从接种助理做起，跟随赖特从事疫苗和预防传染病的研究。二人合作非常密切，长达四十年之久。

1909 年，弗莱明开始独自对座疮免疫开展研究，最终成功改良了梅毒检测的程序，使之更为简便实用。当时掌握静脉注射技术的医生很少，弗莱明几乎是伦敦唯一能够为梅毒患者注射药物的人，这为他带来了极好的声誉。在赖特的指导下，弗莱明还对吞噬细胞、调理素、伤寒菌等做了一系列的研究工作。

第一次世界大战爆发后，赖特率领着他的研究小组前往法国前线，利用他们研究的疫苗防止士兵伤口感染。弗莱明也参加了皇家军医部

---

① 阿尔姆罗思·赖特（Almroth Wright，1861—1947），英国著名传染病理学家、医生。1897 年研制出伤寒疫苗。1906 年受封大英帝国爵士。

队，并被授予中尉军衔。在那里，弗莱明看到许多战场上的伤员因伤口感染被迫截肢，感染严重者甚至痛苦地死去。

当时对伤员的救治大多使用消毒剂，但是大批伤员对消毒药不适，反而加重病情。眼睁睁地看着那些伤员一一个地痛苦死去，弗莱明心如刀绞，他决心要找到一种既可以治疗感染，又不伤害人体的药物。

弗莱明发现，在含氧量高的组织中，随着氧气的耗尽，厌氧菌会滋生。他和赖特还证实，使用消毒剂消毒伤口时，细菌并没有被杀死，反而是人体的吞噬细胞被杀死了，会使伤口感染更加严重。于是，他们建议改用浓盐水进行消毒，这个方法在二战的时候被广泛使用。此外，弗莱明和同事还做了历史上第一个院内交叉感染研究，这个问题至今都是备受重视的问题。他们还研究了柠檬酸钠的抗凝血作用和钙的凝血作用，改良了输血技术，这些方法挽救了上百名伤员的生命。

■ 一次重感冒引发的重大发现

1921 年的冬天，一次重感冒促使弗莱明发现了溶菌酶。

在进行一种黄色球菌的培养实验时，感冒还没痊愈的弗莱明不停地流鼻涕，他索性取了一些鼻腔黏液滴在细菌培养皿上。两周后有趣的事情发生了，培养皿上遍布着黄色球菌的菌落，唯独滴有黏液的位置没有，培养皿边缘似乎还出现了外观呈现玻璃样的半透明状态的其他类型菌落。

弗莱明认为，这种新的菌落可能来自他鼻腔黏液中的细菌，他还开玩笑地用自己名字的缩写将这种细菌命名为 A. F. 球菌，可他的同事认为这更有可能是空气中细菌污染导致的。为了弄清真相，他们做了进一步观察和探究，最终确定这些所谓的菌落并不是真的新细菌，而是培养皿中细菌融化导致的。弗莱明推测，鼻腔黏液中存在着能让细菌融化的物质。

弗莱明的抗菌素实验记录本上描述了鼻黏液组、空气组、正常培养组的实验结果，通过对照实验得出结论，鼻腔黏液中含有抗菌素，可以抑制菌落的生长。随后他和同事们发现，几乎所有的人体分泌物中都含有抗菌素，甚至是指甲中也会存在抗菌素，但是汗水和尿液中没有。而抗菌素的抗菌能力会被高温和蛋白沉淀剂抑制，因此他们断定，抗菌素实际上是一种酶，当他们向赖特汇报实验结果时，赖特建议将抗菌素命名为溶菌酶。

为了继续研究溶菌酶，弗莱明四处讨要眼泪，以至于身边的朋友和同事见到弗莱明就躲，这件趣事还被画成卡通画刊登在报纸上。1922年1月，他们发现鸡蛋清中有高活性的溶菌酶，这才停止向同事们讨要眼泪。此后他和同事们就溶菌酶做了长达七年的研究，但是并没有得出他们想要的实用结果，溶菌酶的杀菌能力有限，对很多病原体都不起作用。

■ 名垂青史的偶然发现

弗莱明最大的贡献是发现了青霉素，这个发现使弗莱明名垂青史。

第一次世界大战之后，弗莱明回到圣玛丽医学院，在赖特研究中心继续探索消灭病菌的方法。因为伤口化脓的主要原因之一是葡萄球菌在捣蛋，所以弗莱明就全力研究对付葡萄球菌的办法。弗莱明培养了很多葡萄球菌，然后再用各种药剂试验，去消灭它们。这个工作花费了他好几年的时间，但是仍然一无所获，葡萄球菌实在是个难对付的家伙！

1928 年的夏天，伦敦的天气特别闷热，赖特研究中心破例放了暑假。弗莱明也准备到海滨去度假，在多年科研生涯中这是他第一次休

弗莱明首次提取青霉素

息。由于走的时候过于匆忙，弗莱明竟然把培养皿中正生长着的细菌给忘了。三周后，天气渐凉，弗莱明度假归来。当他跨进离开多日的实验室时，培养皿的情景让他大吃一惊。

原来金黄色葡萄球菌培养皿中长出了一些青绿色的东西，这使弗莱明非常懊丧，培养皿被污染，培养物也就没有用了。一般这种情况培养皿里边的东西往往就被倒掉了。但是，对实验中的任何变化，弗莱明都不放过，他不仅没有倒掉培养皿，反而细心地观察起来。

弗莱明把培养皿拿到光亮处，对着亮光他惊奇地发现，在青绿色周围培养皿居然是干净的一圈空白，这里竟然没有长出金黄色葡萄球菌。

弗莱明突然意识到，这里可能出现了什么神奇的物质。紧接着，他迅速地刮出一点青绿色的东西，小心翼翼地放在显微镜下观察，原来这个青绿色东西是青霉菌。在青霉菌附近，金黄色葡萄球菌死了。这不正是弗莱明梦寐以求追寻了好几年的事吗！金黄色葡萄球菌的克星找到了！

随后，弗莱明大量培养了这种青霉菌，把培养液过滤后滴到葡萄球菌中。结果，在几小时之内葡萄球菌全部死亡。把过滤后的培养液稀释八百倍后，再滴到葡萄球菌中，居然还能杀死葡萄球菌！弗莱明把这种青霉菌的培养液叫作青霉素。通过实验证实，他发现青霉素具有广泛的杀菌作用，还能杀灭白喉菌、炭疽菌、链球菌和肺炎球菌等。

1929 年 6 月，弗莱明在《不列颠实验病理学杂志》上发表了一篇论文，内容是关于青霉菌培养的杀菌作用。可是在当时，这篇论文并没有引起医学界的重视，主要原因是，提取青霉素太困难了，很难在临床上应用。弗莱明自己也表示，青霉素的应用很重要，但是当时他还没有找到一种能够提纯的技术，因而这种药没有办法被广泛使用。

在这种情况下，弗莱明只好暂缓了研究，在他后来发表的论文中只有两篇是关于青霉素的。但从弗莱明遗留的实验记录中看，他一直没有彻底放弃，只是没能提纯出稳定的青霉素。直到 1938 年，弗洛里和柴恩在研究溶菌酶的时候，意外地看到了十年前弗莱明的文章。他们高度重视弗莱明的发现，立即着手继续青霉素的研究，而且很快找到了提纯方法。经过多次实验，弗洛里和柴恩证实了青霉素的药效极高，是一种极有临床价值的抗菌药。科学史上，这被称为是青霉素的第二次发现。

成功分离出青霉素之后，1941 年弗洛里和柴恩在一名患有败血症的警察身上，完成了第一次临床试验。直至 1944 年，人们才找到大规模生产青霉素的方法，可以用于临床治疗。从此，青霉素这个有效的杀菌药物迅速遍及全球，造福无数的患者。

1945 年，弗莱明、弗洛里和柴恩一同获得了诺贝尔生理学或医学奖。青霉素与原子弹、雷达一同被称为"第二次世界大战期间的三大发明"，它不但在第二次世界大战期间成功地挽救了成千上万病人的生命，而且使人的平均寿命延长了十五年。

弗莱明的发现与他积极探索和不轻易放弃的精神是分不开的，与敏锐的观察能力和认真细致的态度是分不开的。正如法国著名微生物学家巴斯德所说:"在观察的领域中,机遇只偏爱那些有准备的头脑。"

在圣玛丽医院实验室工作时,因为弗莱明不喜欢闲谈,总是闷头工作,大家甚至给他起了一个绰号"苏格兰老古董"。在一次赖特主持的研讨会上,大家都积极发言,唯独弗莱明一直沉默,赖特便问他:"你有什么看法?"弗莱明只说了一个字"做"。在他看来,与其多费唇舌浪费时间,不如脚踏实地多做实验多观察。

1955 年 3 月 11 日,弗莱明与世长辞,安葬在著名的圣保罗大教堂①。1981 年,匈牙利还发行了弗莱明诞生一百周年的纪念邮票,纪念这位为全人类做出重大贡献的科学家。在美国作家麦克·哈特所著的《影响人类历史进程的 100 名人排行榜》②中,弗莱明位列第 45 位。

---

① 圣保罗大教堂 (St.Paul's Cathedral),坐落于伦敦泰晤士河北岸,始建于 604 年,以其壮观的圆形屋顶而闻名。是巴洛克风格建筑的代表,也是世界著名的宗教圣地。经多次毁坏和修复,现在的建筑在 17 世纪末完成。

② 《影响人类历史进程的 100 名人排行榜》(The 100: A Ranking Of The Most Influential Persons In History),美国学者、作家麦克·哈特 (Michael H. Hart) 于 1978 年出版的著作,被翻译成 15 种语言出版。书中选录的都是对世界的发展产生了巨大影响的著名人物。

洛伦茨

Konrad Zacharias Lorenz

姓　　名：康拉德·扎卡赖斯·洛伦茨 (Konrad Zacharias Lorenz)
出 生 地：奥地利阿尔登堡
生 卒 年：1903—1989
主要贡献：动物习性学的创始人
主要著作：《鸟类世界的伙伴》《所罗门王的指环》《雁语者》

千百年来，人们都在寻找自然的发展规律，以便认识、掌握自然，利用自然为人类服务。随着经济的高速发展，现在的人们逐渐认识到尊重自然、顺应自然、保护自然才是人类可持续发展的基础。人们该如何与自然和谐相处？特别是那些与人类密切相关的动物，它们的行为和习性有哪些特点呢？这成为 20 世纪许多科学家研究的对象。奥地利的洛伦茨便是其中的佼佼者，他被称为"现代动物行为学之父"。

■ 与动物为伴的小孩

1903 年 11 月，洛伦茨出生在奥地利的阿尔登堡。阿尔登堡是位于维也纳附近的一个海滨小城。这里景色优美，作为一块原始的自然绿洲，有着丰富的自然资源，是观察自然的理想之地。

洛伦茨的父亲是维也纳大学医学教授，也是一位极有名望的医生。他和妻子在阿尔登堡的住宅，有一个很大的庭园，洛伦茨的童年就在这里度过。庭园里经常有各种小动物，还有许多美丽的鸟儿。这些小动物成了洛伦茨童年最好的玩伴，他非常喜欢和小动物玩耍，与它们朝夕相伴，这也成了他一生的爱好。

洛伦茨还经常把小动物带回房间，有时候家里会被小动物搞得乱糟糟。但是，父母也没有责怪洛伦茨，他们从不干涉孩子的爱好，对他非常宽容。

洛伦茨的父母都在维也纳城里工作，陪伴他的时间比较少。童年时的洛伦茨大部分时间都是由保姆蕾西照料，她掌握了一整套繁殖动物的技术，非常擅长饲养小动物。洛伦茨四岁那年，父亲从森林中带回一条有斑点的蝾螈，蕾西和小洛伦茨精心地照顾它。几天后，它产下了四十四条小蝾螈。过了些日子，洛伦茨惊讶地发现这些小蝾螈中，竟有十二条发育到了变态阶段。这使爱幻想的洛伦茨兴奋了好长时间，更加激发了他对动物的好奇心。

1907 年《尼尔斯骑鹅旅行记》①出版，这本书吸引了成千上万的孩子，洛伦茨也不例外。听别人读完这本书后，洛伦茨幻想自己能够变成一只鹅，在动物王国里自由翱翔。从此，他也非常渴望自己能拥有一只鹅，遗憾的是这个愿望没能实现。恰巧这时，邻居家刚孵出几只鸭子，他们便送给了小洛伦茨。没有鹅，鸭子也很好啊！洛伦茨开心极了，形影不离地照料它们，同它们一起玩耍。

使洛伦茨大为惊奇的是，这些出生才一天的鸭子，总是喜欢跟在他身后，非常顺从，好像把他当成了父母似的。这件事给洛伦茨留下了深刻的印象，从那以后，洛伦茨的兴趣就被各类水禽锁定，慢慢地，他成为观察水禽的行家里手。或许在这时，小洛伦茨心里就埋下了理想的种子，将了解小动物的行为当成自己一生的追求。

升入中学后，洛伦茨阅读了很多关于动物的书籍，还自学了相关的知识。在学校里，洛伦茨遇到一位学问颇深的启蒙老师。这位老师向学生传播达尔文的进化论和自然选择，这使洛伦茨更加迷恋动物的世界，也为他今后研究动物行为学打下了牢固的思想基础。

中学毕业后，为了探索动物世界的奥秘，洛伦茨打算进一步研究动物学和古生物学。但是，如同大部分家庭一样，洛伦茨的父亲非常希望他可以子承父业，成为一位出色的医生。在父亲的坚持下，洛伦茨前往美国纽约的哥伦比亚大学攻读医学专业。

在纽约，洛伦茨在水族馆中研究水禽的时间，比在课堂上听课的时间还要多。当时的大学还没有动物行为学，于是洛伦茨在获得医学博士

---

① 《尼尔斯骑鹅旅行记》，瑞典女作家塞尔玛·拉格洛芙（Selma Lagerlöf，1858—1940）创作的长篇童话小说。1907 年出版后，一直深受全世界少年儿童喜爱。作者获得 1909 年诺贝尔文学奖。

学位后，又到慕尼黑大学①深造，取得动物学领域中的哲学博士学位。此后，他留在该校工作，直到 1941 年。但是，他还依然念念不忘故乡阿尔登堡的小动物，于是，他一边工作，一边继续饲养着这些动物。

■ 小雁鹅把他当"妈妈"

洛伦茨的行为学研究，是从对"印随"现象的关注开始的。

1936 年，洛伦茨获得了二十枚雁鹅蛋，他将其中十枚由家鹅孵育，另外十枚放在乌龟的身下孵育。当第一只雁鹅孵育出来的时候，洛伦茨迫不及待地将它从家鹅的身边拿走，想要仔细地观察一番。就在这时，小雁鹅发出了叫声，凭着多年与动物交流的经验，洛伦茨开始与小雁鹅"对话"。他安慰胆怯的小雁鹅，分享着它的快乐。就在这一问一答之间，洛伦茨品尝到了与小动物和谐相处的愉悦。

但是，当洛伦茨将小雁鹅放回窝里，准备转身离开的时候，小雁鹅却很不开心。还没等洛伦茨走出几步，小雁鹅立刻"大哭"，坚决地从母鹅身边离开，蹒跚地追在洛伦茨的身后。洛伦茨抓起小鹅，又一次把它塞回母鹅身边，但是，它又立刻爬了出来。看上去小雁鹅已经把洛伦茨看成了自己的"妈妈"。

也就是说，鹅类是把出生后第一个回应它的对象看作母亲的。于是，洛伦茨每天都与这只小雁鹅相处，把他带在身边，还给它取了"玛蒂娜"的名字。后来，洛伦茨深入研究发现，刚孵化出的雁鹅会注意到

---

① 慕尼黑大学，全称路德维希-马克西米利安-慕尼黑大学（Ludwig-Maximilians-Universität München），1472 年成立，是德国一所著名的精英大学。迄今已有四十多人获得诺贝尔奖。普朗克、韦伯、海森堡、欧姆、赫兹等众多知名人士都曾在此求学任教。

环境中移动的物体，并一直跟随，即使是一个移动的玩偶，也会被小雁鹅当成自己的"妈妈"，紧跟在它的身后。洛伦茨将这个现象称为"印随"，就是指在动物发育的一个特定阶段，动物会对某个对象产生铭刻在心的印象，从而依附于这个对象。

洛伦茨还发现，印随现象在雏鸡、雏鸭等禽类身上都会发生。这种现象发生的时间非常短暂，通常是在小雁鹅初生后的一天之内，超过三十个小时，就不会再发生了。印随现象是不可逆的，一旦形成无须加强，就能一直保持下去。对于小狗来说，出生后的一个半月之内与人类有过接触，就会在后来与人类建立亲密的关系。

1937 年，洛伦茨在《鸟类世界的伙伴》里定义了印随现象，描述了它的特征和意义。从此洛伦茨名声大噪，被后人称为"动物行为学之父"。他一生醉心于动物行为，退休后仍旧在阿尔登堡的多瑙河畔进行动物行为的观测和研究。

在野生的环境下，只有母亲才会回应雏鸟的呼唤，与雏鸟朝夕相处的母亲是它印随的对象。但是，当人有意识地扮演了母亲的角色之后，

洛伦茨和他饲养的灰雁

动物无法分辨真假，本能就暴露出刻板僵硬的一面。这就提示我们，本能是一种先天铸就的行为，它与后天学习的灵活性不同。

由于在动物行为研究领域的突出贡献，1973 年，洛伦茨和另外两位生物习性学家共同荣获诺贝尔生理学或医学奖。

■ 风靡全球的科学经典著作

洛伦茨著作极为丰富，其中包括《所罗门王的戒指》《进化与行为修饰》《攻击的秘密》《动物与人类行为研究》《人与动物》《雁语者》等，很多著作已经在我国被翻译出版。

《所罗门王的指环》是洛伦茨著名的科普作品，也是风靡全球的科学经典著作，纽约图书馆推评的 20 世纪十部最佳自然科学著作中，这本书曾名列榜首。书的开篇，洛伦茨引用了英国作家鲁德亚德·吉卜林①的一首小诗："从来没有哪个国王，能够像所罗门那样，他可以和蝴蝶说话，就像两人闲聊家常。"在前言中，洛伦茨写道："希望亲爱的读者能够通过我的书，对动物朋友身上的无限美妙略有所知。"

《所罗门王的指环》中体现的作者与动物们的默契与温情令人向往。许多读者对洛伦茨的了解和喜爱，均得益于这本书的畅销与传播。在这本书中，洛伦茨结合自己的深刻观察和经历，惟妙惟肖地描述了鹦鹉、斗鱼、寒鸦、野兔等动物的行为和趣事。用诗意的充满人文关怀的语言，鲜活地呈现出小动物们的生活。透过洛伦茨的文字，我们对动物世

---

① 约瑟夫·鲁德亚德·吉卜林（Joseph Rudyard Kipling，1865—1936），英国作家、诗人。1907 年获得诺贝尔文学奖。作品有小说《三个士兵》《基姆》《老虎！老虎！》、诗集《营房谣》等。

界的友情产生了更深一层的了解，从而体会了生命的真谛。

1963 年，洛伦茨出版了《攻击的秘密》，记录了他对动物攻击行为的观察结果，同时对人类的攻击行为进行了类比和思考。书中以达尔文进化论为基础，从动物的本能入手，探讨了人性和社会形态等问题。

洛伦茨通过观察鱼类发现，相同种类的鱼放在一个水槽内，最终会剩下最强的一条，而不同种类的鱼却可以在同一个水槽内和平相处。如果放大到整个海洋，对于同类鱼而言，败者会逃离胜者的领地，胜者也不会对败者赶尽杀绝。

洛伦茨还发现，距离领地中心越近，动物越会表现出更强的攻击性。他认为，动物之间同类相争的机制，有助于动物们相对公平地分配有限的资源和环境。而自然状态下，雄性动物对雌性同类会表现出绅士般的温柔，仿佛攻击性受到了抑制。在《攻击的秘密》中，洛伦茨写道：我们真不知是动物具有人性，还是人类本来就具有动物性。

洛伦茨退休后回到奥地利，在阿尔登堡养了百余只雁鹅，继续着他的行为学研究。他最后一部著作是 1988 年出版的《雁语者》，一年之后，洛伦茨与世长辞。

洛伦茨不仅仅是一位动物行为学家，也是第一位获得诺贝尔奖的心理学家，被誉为世界动物行为学研究的开山鼻祖。

洛伦茨的一生几乎都在对自然环境中的个体行为进行观察，他的特别之处就是注重在自然的条件下进行研究，而不是把动物关在实验室里。

洛伦茨说自己非常懒，正因为懒，才会成为一名有耐心的观察家。他说："假若你们问，我这一生在研究和教书的园地里做了些什么？我必须诚实地回答，我常常做那些我当时感到有趣的事情。"这其实也是对洛伦茨一生最好的总结。

洛伦茨

沃森　克里克

James Dewey Watson & Francis Harry Compton Crick

姓　　名：詹姆斯·杜威·沃森（James Dewey Watson）

出 生 地：美国芝加哥

生 卒 年：1928 年出生

姓　　名：弗朗西斯·克里克（Francis Harry Compton Crick）

出 生 地：英国北安普顿郡韦斯顿法弗尔

生 卒 年：1916—2004

主要贡献：建立DNA双螺旋结构模型

孟德尔的遗传规律被重新发现以后，摩尔根用果蝇实验证明了遗传因子在染色体上。但是遗传物质到底是什么？这个问题一直困扰着人们。后来，经过一系列的实验研究，1944年，艾弗里得出DNA是遗传物质的结论。1952年，赫尔希[①]和蔡斯[②]又通过噬菌体侵染细菌的实验明确表明DNA是遗传物质。自此，DNA分子成为遗传学家们关注的焦点。

功能和结构是紧密联系在一起的，想要了解功能，就必须揭示其结构。作为遗传信息的载体，DNA分子具有怎样的结构呢？对于这个问题的研究，科学家们也从未间断过。终于在1953年，沃森和克里克发现了DNA的双螺旋结构，"生命之谜"就此被打开，人们清楚地了解到遗传信息的本质和传递途径。从此，遗传学的研究也深入到分子层面，分子生物学时代被开启。

■ "天才少年"沃森

1928年4月16日，詹姆斯·杜威·沃森出生于美国芝加哥市的一个商人家庭，他是家中的独子。沃森的父亲是英国后裔，祖先从英国移居到美国后，已在美国中西部地区生活了几代人。沃森的外公是一名来自苏格兰的零售商，外婆也是爱尔兰移民美国的后代。

在孩提时代，沃森就表现出非同一般的聪明和勤奋。他对生活中的很多事情充满好奇，经常说的一个口头禅就是"为什么"，大多数时候

---

① 阿尔弗雷德·赫尔希（Alfred Day Hershey，1908—1997），美国细菌学家与遗传学家。1969年为诺贝尔生理学或医学奖获得者。

② 玛莎·蔡斯（Martha Cowles Chase，1927—2003），美国生物学家。

一些简单的回答都无法满足他的要求。沃森小的时候酷爱阅读，尤其喜欢读《世界年鉴》[1]，里边的大部分内容他都能记下来。

大量的阅读和积累，使他掌握了许多知识。在参加一次广播节目比赛中还获得了"天才儿童"的称号，并且赢得了 100 美元的奖励。

沃森非常喜欢观察鸟，他就用这笔奖金买了一架双筒望远镜。观鸟是他和父亲共同的爱好，也正是这一爱好培养了小沃森对生物学的兴趣。

沃森的整个童年都在芝加哥度过，他在贺拉斯曼文法学校学习了八年，然后在芝加哥南岸中学学习了两年。十五岁时，天赋异禀的沃森获得奖学金，进入芝加哥大学攻读动物学专业。

1946 年，沃森读到了薛定谔[2]的名作《生命是什么》，沃森深受影响，从此将研究兴趣由动物学转移到遗传学上。1947 年获得动物学学士学位之后，沃森进入了印第安纳大学[3]研究生院深造。在印第安纳大学期间，沃森在著名学者卢瑞亚[4]的指导下进行研究。卢瑞亚是当时著名的噬菌体小组的领导者之一，他们利用噬菌体进行遗传学实验。沃森也进了噬菌体小组，开始研究 X 射线对噬菌体突变的影响。

当时科学界的主流思想认为蛋白质是遗传物质，但是在噬菌体小组的影响下，沃森已经意识到肺炎双球菌转化实验的重要性，认同 DNA

---

① 《世界年鉴》（The World Almanac and Book of Facts），美国出版的一种著名年鉴。1869 年开始出版，当时名为《世界知识概要》。1876 年休刊，1886 年复刊，此后每年出版。至今发行量已近亿册。

② 埃尔温·薛定谔（Erwin Schrödinger，1887—1961），奥地利物理学家，量子力学奠基人之一，对分子生物学发展亦做出贡献。1933 年获得诺贝尔物理学奖。著有《波动力学四讲》《统计热力学》《生命是什么》等。

③ 印第安纳大学（Indiana University），成立于 1820 年，是美国阿巴拉契亚山脉西部最古老的大学之一。

④ 萨尔瓦多·卢瑞亚（Salvador Edward Luria，1912—1991），美国微生物学家，1969 年诺贝尔生理学或医学奖获得者。

年轻时的沃森

是遗传物质。在一次会议上，沃森看到了威尔金斯[①]展示的一张结晶DNA的X射线衍射图。他非常震惊，DNA能够形成结晶，就说明它的结构是有规律的，而且能够进行解析。

这张衍射图给沃森极大的刺激，他对DNA的结构更加感兴趣了，于是他决定改变研究方向。1951年，二十三岁的沃森来到英国剑桥大学卡文迪许实验室[②]，在这里他找到了最好的合作伙伴——物理学研究生克里克。

■ 大器晚成的克里克

弗朗西斯·克里克1916年6月8日出生在英格兰北安普顿郡韦斯

---

① 莫里斯·威尔金斯（Maurice Hugh Frederick Wilkins，1916—2004），英国生理学家、遗传学家。

② 卡文迪许实验室（Cavendish Laboratory），英国剑桥大学的物理实验室。是著名化学家卡文迪许的后代于1873年至1874年间建立。这个实验室产生了几十位诺贝尔奖得主。

克里克

顿法弗尔一个中产阶级家庭中，父亲和叔叔经营一家祖传的鞋厂。克里克的爷爷是一位业余的地质学家和古生物学家，曾与查尔斯·达尔文通信，并联名在自然杂志发表过文章，还命名过两种腹足类生物。

克里克从小就对自然世界充满好奇，经常被各种科学问题深深吸引。很小的时候，克里克叔叔就在家中教他吹制玻璃，做化学实验。本来受家庭的影响，克里克信仰宗教，但随着知识阅历的增加，他更喜欢用科学的方法寻找问题的答案。于是，十二岁开始，他拒绝去教堂，成为一个无神论者。

克里克在北安普顿文法学校完成了六年的初级教育。十四岁时，由于第一次世界大战后的经济大萧条，全家迁居到伦敦。克里克转入米尔希尔学校学习，他成绩优异，在校庆日那天还获得了沃尔特·诺克斯化学奖。

出于对物理的热爱，中学毕业后克里克到伦敦大学[①]学习物理。在

① 伦敦大学（London University），始建于 1826 年。后改称伦敦大学学院（University College London）。

博士研究课题即将结束时第二次世界大战爆发了，克里克被迫中断学业，开始在海军研究室为军队服务，帮助英国海军设计水雷。他改进了水雷，提高了水雷的性能，使其在与德国海军的战斗中发挥了巨大作用，击沉了很多敌舰。

战争结束后，克里克本来可以继续留在军队，但是由于对科学的热爱，他决定继续从事科研工作。薛定谔的《生命是什么》对克里克也同样产生影响，让他深受启发。克里克坚信生物学问题最终需要用物理和化学的方法解决，而他的物理学背景会有助于他开展生命科学研究，取得更多的成果。

1947 年开始，克里克将研究方向转向生物学。因为没有生物学和化学知识的积淀，克里克这次研究方向的改变几乎是从零开始学起。他自学了许多生物学、有机化学和晶体学的知识。起初，克里克在斯坦格威斯实验室研究细胞质的物理性质，后来他也加入了剑桥大学的卡文迪许实验室，研究血红蛋白的结构。

在卡文迪许实验室，克里克遇到了沃森。二十三岁的沃森已经拿到博士学位开始进行博士后研究。而克里克比沃森大十二岁，还没有拿到博士学位。虽然他们年龄、学术背景和性格相差巨大，但两人一见如故，都对研究DNA分子结构有着浓厚的兴趣。

■ 打开"生命之谜"的经典合作

沃森和克里克初次见面时，他们彼此都感到吃惊。因为，他们对DNA的看法竟如此相近，而且知识还互补。这奠定了他们日后卓有成效的合作基础，这一合作最终成为科学史上的一段佳话。

一开始，沃森和克里克对破解DNA的分子结构非常乐观，觉得数

沃森　克里克

月之内就可以完成。一方面，他们从威尔金斯和富兰克林①的DNA结晶X射线衍射照片推断出，DNA分子的结构必定是有规律的。另一方面，人们已经推导出蛋白质分子以α螺旋的形式存在。这给了沃森和克里克极大的鼓舞和启示，沃森和克里克也开始借助模型解释DNA结晶图，以期能够破解DNA的分子结构。

1951年冬天，他们根据X射线衍射图制作出一个有三条链的模型，因为三条螺旋涉及的问题相对简单一点。由于材料陈旧，原子模型不全，沃森和克里克制作这个模型颇费了一番周折。制作出模型之后他们非常激动和高兴，马上请来威尔金斯参观，富兰克林也一同前往。沃森和克里克对模型进行介绍之后，富兰克林根据自己的研究结果指出，他们构建的这个模型在含水量等问题上存在明显的错误，这是他们第一次构建模型受挫。

模型挫败的消息很快便人尽皆知，看到克里克"不务正业"，没有专心收集自己的博士论文数据，卡文迪许实验室主任担心克里克不能毕业，因此下令禁止他们再继续研究。但是，沃森和克里克并没有放弃，他们一直在默默地思考解决问题的办法。沃森还经常阅读化学书籍，以弥补化学知识的不足。为此，克里克还专门买了一本《化学键的性质》作为圣诞礼物送给沃森，这给了沃森温暖和美好的预示。

1952年，事情的转机出现了。赫尔希和蔡斯进行的噬菌体侵染实验，明确证实了DNA是遗传物质，这更加说明破解DNA分子结构具有重要的意义。这一发现，重新激发了沃森和克里克的斗志。而且，在这期间沃森发现了烟草花叶病毒具有螺旋结构，这使沃森和克里克更加相信DNA也具有螺旋结构。

接下来，有人研究发现不同种类的碱基之间是相互吸引的。沃森和

---

① 富兰克林（Rosalind Elsie Franklin，1920—1958），英国物理化学家。1952年，她获得的DNA衍射照片对双螺旋模型的建立具有极大的启发意义。

克里克又从查格夫①那里了解到，腺嘌呤的数目总是与胸腺嘧啶的数目相等，鸟嘌呤数目与胞嘧啶数目相等，这与格里菲斯的计算结果相吻合，后来这一规律被称为查格夫定律。

这些发现都给了沃森和克里克极大的启发。在这些信息的基础上，沃森和克里克决定制作一个双链的螺旋结构模型。经反复的思考和尝试，1953 年他们制作出了 DNA 双螺旋结构模型。很快一个理念全新并能很好解释基因复制的 DNA 分子结构模型就在沃森和克里克手中诞生了，这个模型也得到了大家的认可，沃森和克里克成功了！

由于共同提出 DNA 分子双螺旋结构模型的卓越贡献，沃森和克里克荣获 1962 年诺贝生物学或医学奖。同时获奖的还有威尔金斯，他为 DNA 结构的阐明提供了极有价值的 X 射线衍射照片。DNA 双螺旋结构的发现和相对论、量子力学一起被誉为 20 世纪最重要三大科学发现。标志着生物学研究进入了分子层面，是科学史上的一个重要里程碑，分子遗传学从此诞生。

当时有很多理论功底深厚的科学家在研究 DNA 分子结构，沃森和克里克能脱颖而出绝不是偶然的。他们身上具有优秀的科学品质，两个人对事物敏锐的洞察力使他们抓住了正确的研究方向。锐意创新，勇于开拓，坚持不懈的精神，最终使他们历经坎坷取得成功。

沃森和克里克的合作堪称典范。他们的专业背景不同，一个学习生物学，一个学习物理学。两个人性格也截然不同，沃森文静内敛，克里克乐观开朗，他每天"震耳欲聋"的笑声感染着实验室的每一个人。两个人的合作不仅融合了物理学、遗传学、化学和晶体学等多学科知识进行跨学科的研究，还综合了两人协调各方面关系的优势，取长补短合作进取。这些都使他们少走很多弯路，在科学研究的道路上勇往直前。

---

① 欧文·查格夫（Erwin Chargaff，1905—2002），出生于奥地利的美国生物学家。

■ 功成名就后依然坚守科研一线

　　取得举世瞩目的成就后，沃森和克里克没有停止脚步，他们依然坚守在科研一线，继续着自己的研究。

　　克里克又提出了DNA半保留复制的假说，而后，科学家们通过实验证实了这个假说是正确的。克里克最重要的研究成果莫过于提出"中心法则"。正是在中心法则的指导下分子生物学蓬勃发展了几十年，陆续阐明了复制、转录和翻译过程的细节和机制，发明了基因工程等。毫无疑问，中心法则包括了生命最本质的规律，当今的分子生物学乃至整个生命科学都是建立在中心法则之上，因此克里克被当之无愧地誉为"分子生物学之父"。

　　克里克的主要研究方向其实是蛋白质，他还提出了一系列与蛋白质合成有关的假说，进行了许多相关实验。克里克取得了一系列的研究成果，有效解决了分子生物学中的许多基本问题，包括中心法则、三联体密码、适配子假说等，他能在短时间内取得如此多的重大研究成果，极大地推动了分子生物学的发展。

　　随着研究的深入，克里克意识到分子生物学的研究领域中虽然有很多问题尚待研究解决，但是分子生物学大厦的地基已经打好。富有开拓精神的克里克决定再次改行，就像当年从物理学转行研究生物学一样，在六十岁高龄的时候，他第二次转移研究方向。克里克离开了他熟悉和赖以成名的分子生物学领域，将工作的重心转移到神经生物学领域，这方面的研究在当时还处于早期阶段，尚有许多问题有待解决。

　　克里克探索了人类意识的奥秘，他把"灵魂"这个哲学、心理学上的难题当成了神经科学的问题进行研究，拉开了用自然科学方法研究人类精神活动的序幕。1994 年，克里克出版了《惊人的假说：灵魂的科学探索》，书中他提出了意识的"惊人假说"，核心内容是思想、意识完全可以用大脑中一些神经元的交互作用来解释。

克里克还出版了多种科普作品，如《狂热的追求——科学发现之我见》《论分子与人》《生命：起源和本质》等。

克里克一生不被名利诱惑，醉心于科学研究。他也许并不是最聪明的科学家，但他却拥有敏锐的洞察力和坚韧不拔的毅力，这是一名优秀科学家具备的最重要的品质。

2004 年 7 月 28 日晚，克里克由于结肠癌在美国圣地亚哥去世，直到去世前几个小时他还在写论文。

与克里克后来改变研究方向不同，沃森的研究始终坚守在分子生物学领域。1953 年他结束了在卡文迪许实验室的研究工作后回到美国，先是在加州理工大学①工作，后来到哈佛大学任教，主要从事蛋白质生物合成的研究。

1968 年，四十岁的沃森出版了《双螺旋》一书，这是一本报告文学作品，不是学术专著。这本书使沃森在公众中赢得的声望，甚至比他所研究的科学问题本身和获得诺贝尔奖还要大。

此外，沃森在癌症研究和重组DNA技术应用等方面都起了非常大的作用。1968 年，沃森开始担任位于纽约长岛的冷泉港实验室②主任，在他的主持下，冷泉港实验室成为世界分子生物学发展的学术中心，引

---

① 加州理工大学，即加利福尼亚州理工学院（California Institute of Technology），创立于 1891 年，是一所著名的私立研究型大学。这所学院先后诞生了四十多位诺贝尔奖获得者。我国著名科学家钱学森也曾在此学习和工作。

② 冷泉港实验室（The Cold Spring Harbor Laboratory），又称为科尔德斯普林实验室，1890 年成立，坐落在美国纽约长岛冷泉港，是一个被誉为世界"生命科学圣地""分子生物学摇篮"的非营利私人科学研究中心。主要研究癌症、神经生物学、植物遗传学、基因组学以及生物信息学，该研究机构一共诞生了八位诺贝尔奖得主。

领分子生物学发展的方向，被誉为"分子生物学的摇篮"，每年在冷泉港召开的学术会议对生物学的发展都有巨大的推动作用。

沃森还是人类基因组计划[①]的倡导者，并在 1988 年至 1993 年期间主持人类基因组计划。

为纪念双螺旋结构发现 50 周年，沃森发表了《DNA：生命的奥秘》，在这本新书中，沃森对基因革命进行了全方位的审视：从孟德尔到摩尔根，从双螺旋到人类基因组序列，从分子生物学到与多种学科相互联系与结合。

2012 年，沃森被美国《时代周刊》[②]杂志评选为美国历史上最具影响力的二十大人物之一。

DNA 双螺旋模型和中心法则的发现，是 20 世纪最为重大的科学发现之一，也是生物学历史上唯一可与达尔文进化论相比的最重大发现，它与自然选择一起，统一了生物学的大概念。

---

① 人类基因组计划（Human Genome Project），一项规模宏大、跨国跨学科的科学探索工程。由美国于 20 世纪 80 年代启动，其后欧洲及其他国家加入。该计划旨在测定组成人类染色体（指单倍体）中所包含的 30 亿个碱基对组成的核苷酸序列，绘制人类基因组图谱，并且辨识其载有的基因及序列，达到破译人类遗传信息的最终目的。中国于 1999 年参加此研究计划。2000 年，中国和美、英、法、德、日六国科学家共同宣布，人类基因组草图的绘制工作已完成。

② 《时代周刊》（Time），又称《时代》，1923 年在美国创刊，与《美国新闻与世界报道周刊》（U.S. News & World Report）、《新闻周刊》（Newsweek）并称美国三大时事性周刊，具有广泛的社会影响力。

附录 1901—2022 年诺贝尔生理学或医学奖一览

年代	获奖者	国籍	获奖原因
1901	埃米尔·阿道夫·冯·贝林（Emil Adolf von Behring，1854—1917）	德国	对血清疗法的研究，特别是在治疗白喉应用上的贡献，由此开辟了医学领域研究的新途径
1902	罗纳德·罗斯（Ronald Ross，1857—1932）	英国	发现携带疟原虫的蚊子是传播疟疾的媒介
1903	尼尔斯·吕贝里·芬森（Niels Ryberg Finsen，1860—1904）	丹麦	用集中的光辐射治疗疾病，特别是寻常狼疮方面的贡献，由此开辟了医学研究的新途径
1904	伊万·巴甫洛夫（Ivan Petrovich Pavlov，1849—1936）	俄罗斯	在消化系统生理学方面取得开拓性成就
1905	罗伯特·科赫（Robert Koch，1843—1910）	德国	对结核病的相关研究并发现结核杆菌
1906	卡米洛·高尔基（Camillo Golgi，1843—1926）	意大利	创立铬酸盐—硝酸银方法，为中枢神经系统研究开辟道路
	圣地亚哥·拉蒙-卡哈尔（Santiago Ramón y Cajal，1852—1934）	西班牙	在神经组织学领域做出重要贡献
1907	夏尔·路易·阿方斯·拉韦朗（Charles Louis Alphonse Laveran，1845—1922）	法国	对原生动物的致病作用及其研究
1908	伊拉·伊里奇·梅契尼科夫（Ilya Ilyich Mechnikov，1845—1916）	俄罗斯	胞噬作用的研究
	保罗·埃尔利希（Paul Ehrlich，1854—1915）	德国	免疫方面的研究工作及发明治疗梅毒的药物

（续）

年代	获奖者	国籍	获奖原因
1909	埃米尔·特奥多尔·科赫尔（Emil Theodor Kocher，1841—1917）	瑞士	对甲状腺的生理学、病理学以及外科学方面的研究工作
1910	阿尔布雷希特·科塞尔（Albrecht Kossel，1860—1904）	德国	在蛋白质、核酸方面等细胞化学的研究
1911	阿尔瓦·古尔斯特兰德（Allvar Gullstrand，1853—1927）	瑞典	对眼屈光学的研究
1912	亚历克西·卡雷尔（Alexis Carrel，1873—1944）	法国	对血管结构以及血管和器官移植的研究
1913	夏尔·罗贝尔·里歇（Charles Robert Richet，1850—1935）	法国	对过敏反应的研究
1914	罗伯特·巴拉尼（Róbert Bárány，1876—1936）	奥地利	对内耳前庭的生理学与病理学研究
1919	朱尔·博尔代（Jules Borde，1870—1961）	比利时	对体液免疫学和血清学的贡献及研制出抗白喉病菌苗
1920	奥古斯特·克罗（Schack August Steenberg Krogh，1860—1904）	丹麦	发现毛细血管运动的调节机理
1922	阿奇博尔德·希尔（Archibald Vivian Hill，1874—1949） 奥托·迈尔霍夫（Otto Fritz Meyerhof，1884—1951）	英国 德国	发现肌肉内热量的产生和氧气的使用 发现肌肉内氧的消耗和乳酸代谢之间的固定关系
1923	弗雷德里克·格兰特·班廷（Frederick Grant Banting，1891—1941） 约翰·麦克劳德（John James Rickard Macleod，1876—1935）	加拿大 苏格兰	发现并提取胰岛素
1924	威廉·埃因托芬（Willem Einthoven，1860—1927）	荷兰	发明最早的心电图与测量装置

年代	获奖者	国籍	获奖原因
1926	约翰尼斯·菲比格（Johannes Andreas Grib Fibiger，1867—1928）	丹麦	发现菲比格氏鼠癌
1927	朱利叶斯·瓦格纳-尧雷格（Julius Wagner-Jauregg，1857—1940）	奥地利	发现疟疾接种疗法在麻痹性痴呆治疗中的价值
1928	查尔斯·尼柯尔（Charles Jules Henri Nicolle，1866—1936）	法国	对斑疹伤寒的研究
1929	克里斯蒂安·艾克曼（Christiaan Eijkman，1858—1930）	荷兰	对维生素的深入研究并发现缺少维生素B1是脚气病的病因
1929	弗雷德里克·霍普金斯（Frederick Gowland Hopkins，1861—1947）	英国	发现多种维生素
1930	卡尔·兰德施泰纳（Karl Landsteiner，1868—1943）	美国	发现人类的A、B、O三种血型
1931	奥托·海因里希·瓦尔堡（Otto Heinrich Warburg，1883—1970）	德国	发现呼吸酶的性质和作用方式
1932	查尔斯·斯科特·谢灵顿（Charles Scott Sherrington，1857—1952）埃德加·阿德里安（Edgar Douglas Adrian，1889—1977）	英国 英国	对中枢神经系统生理学的研究，发现神经元的相关功能
1933	托马斯·亨特·摩尔根（Thomas Hunt Morgan，1866—1945）	美国	创立关于遗传基因在染色体上作直线排列的基因理论和染色体理论
1934	乔治·惠普尔（George Hoyt Whipple，1878—1976）乔治·迈诺特（George Richards Minot，1885—1950）威廉·莫菲（William Parry Murphy，1860—1904）	美国	发现贫血病的肝脏疗法

附录

（续）

年代	获奖者	国籍	获奖原因
1935	汉斯·斯佩曼（Hans Spemann, 1892—1987）	德国	发现胚胎发育过程的组织者（胚胎发育中起中心作用的胚胎区域）效应
1936	亨利·哈利特·戴尔（Henry Hallett Dale，1875—1968） 奥托·勒维（Otto Loewi，1873—1961）	英国 奥地利	发现神经冲动的化学传递
1937	圣捷尔吉·阿尔伯特（Albert von Szent-Györgyi Nagyrápolt，1893—1986）	匈牙利	发现生物氧化过程，特别是关于维生素C和延胡索酸的催化作用
1938	柯奈尔·海门斯（Corneille Jean François Heymans，1892—1968）	比利时	发现颈动脉体和主动脉体调节呼吸的作用
1939	格哈德·多马克（Gerhard Domagk，1895—1964）	德国	发现能有效对抗细菌感染的磺胺类药物
1943	亨利克·达姆（Henrik Carl Peter Dam，1895—1976）	丹麦	发现维生素K
	爱德华·阿德尔伯特·多伊西（Edward Adelbert Doisy，1893—1986）	美国	发现维生素K的化学性质
1944	约瑟夫·厄尔兰格（Joseph Erlanger，1874—1965） 赫伯特·斯潘塞·加塞（Herbert Spencer Gasser，1888—1963）	美国	发现单一神经纤维的高度分化功能
1945	亚历山大·弗莱明（Alexander Fleming，1881—1955） 恩斯特·伯利斯·柴恩（Ernst Boris Chain，1906—1979） 霍华德·弗洛里（Howard Walter Florey，1898—1968）	英国 英国 澳大利亚	发现青霉素并推广应用

年代	获奖者	国籍	获奖原因
1946	赫尔曼·约瑟夫·穆勒（Hermann Joseph Muller，1890—1967）	美国	对辐射遗传学研究的重大贡献
1947	卡尔·斐迪南·科里（Carl Ferdinand Cori，1896—1984）	美国	发现糖代谢中的酶促反应
	格蒂·特蕾莎·科里（Gerty Theresa Cori，1896—1957）	美国	
	贝尔纳多·阿尔韦托·奥赛（Bernardo Alberto Houssay，1887—1971）	阿根廷	发现垂体前叶激素在糖代谢中的作用
1948	保罗·赫尔曼·缪勒（Paul Hermann Müller，1899—1965）	瑞士	发现DDT及其化学衍生物对多类节肢动物有剧毒性
1949	瓦尔特·鲁道夫·赫斯（Walter Rudolf Hess，1881—1973）	瑞士	发现大脑某些部位在决定和协调内脏器官功能时所起的作用
	安东尼奥·埃加斯·莫尼斯（Antonio Caetano de Abreu Freire Egas Moniz，1874—1955）	葡萄牙	发现前脑叶白质切除术对特定重性精神病患者的治疗效果
1950	菲利普·肖瓦特·亨奇（Philip Showalter Hench，1896—1965）	美国	发现肾上腺皮质激素及其结构和生物效应
	爱德华·卡尔文·肯德尔（Edward Calvin Kendall，1886—1972）	美国	
	塔德乌什·赖希施泰因（Tadeus Reichstein，1897—1996）	瑞士	
1951	马克斯·泰累尔（Max Theiler，1899—1972）	南非	发现黄热病疫苗
1952	赛尔曼·A·瓦克斯曼（Selman Abraham Waksman，1888—1973）	美国	发现有效对抗结核病的链霉素
1953	汉斯·阿道夫·克雷布斯（Hans Adolf Krebs，1900—1981）	英国	提出三羧酸循环理论
	弗里茨·阿尔贝特·李普曼（Fritz Albert Lipmann，1860—1904）	美国	发现辅酶A及其作为中间体在代谢中的重要作用

（续）

年代	获奖者	国籍	获奖原因
1954	约翰·富兰克林·恩德斯（John Franklin Enders，1899—1986） 弗雷德里克·查普曼·罗宾斯（Frederick Chapman Robbins，1916—2003） 托马斯·哈克尔·韦勒（Thomas Huckle Weller，1915—2008）	美国	发现脊髓灰质炎病毒在各种组织培养基中的生长能力
1955	胡戈·特奥雷尔（Axel Hugo Theodor Theorell，1903—1982）	瑞典	发现氧化酶的性质和作用方式
1956	安德烈·弗雷德里克·考南德（André Frédéric Cournand，1895—1988）	美国	发明心脏导管术及发现循环系统的病理变化
	沃纳·福斯曼（Werner Forssmann，1904—1979）	德国	
	迪金森·伍德拉夫·理查兹（Dickinson Woodruff Richards，1895—1973）	美国	
1957	达尼埃尔·博韦（Daniel Bovet，1907—1992）	意大利	发现合成化合物在抑制某些机体物质方面的作用，并首次合成抗组胺
1958	乔治·韦尔斯·比德尔（George Wells Beadle，1903—1989） 爱德华·劳里·塔特姆（Edward Lawrie Tatum，1909—1975） 乔舒亚·莱德伯格（Joshua Lederberg，1925—2008）	美国	发现基因通过调节生物体内特定化学反应而起作用 证明遗传因子的重组现象
1959	阿瑟·科恩伯格（Arthur Kornberg，1918—2007） 塞韦罗·奥乔亚（Severo Ochoa，1905—1993）	美国	发现核糖核酸和脱氧核糖核酸的聚合酶

年代	获奖者	国籍	获奖原因
1960	弗兰克·麦克法兰·伯内特（Frank Macfarlane Burnet，1899—1985）	澳大利亚	提出获得性免疫耐受性的理论
	彼得·梅达沃（Peter Brian Medawar，1915—1987）	英国	对免疫学做出杰出贡献
1961	盖欧尔格·冯·贝凯希（Georg von Békésy，1899—1972）	美国	对哺乳动物听觉器官耳蜗功能的研究
1962	弗朗西斯·克里克（Francis Harry Compton Crick，1916—2004）	英国	发现脱氧核糖核酸（DNA）的双螺旋结构、核酸的分子结构及对生物中信息传递的重要性
	詹姆斯·杜威·沃森（James Dewey Watson，1928 年出生）	美国	
	莫里斯·威尔金斯（Maurice Hugh Frederick Wilkins，1916—2004）	英国	
1963	约翰·卡鲁·埃克尔斯（John Carew Eccles，1903—1997）	澳大利亚	发现在神经细胞膜外围和中心部位与神经兴奋和抑制有关的离子机理
	艾伦·劳埃德·霍奇金（Alan Lloyd Hodgkin，1914—1998）	英国	
	安德鲁·赫胥黎（Andrew Fielding Huxley，1917—2012）	英国	
1964	康拉德·布洛赫（Konrad Bloch，1912—2000）	美国	发现胆固醇和脂肪酸的代谢机理和调控作用
	费奥多尔·吕南（Feodor Lynen，1911—1979）	德国	
1965	安德列·利沃夫（André Lwoff，1902—1994）		发现某些病毒在感染细菌时的基因调控机制
	方斯华·贾克柏（François Jacob，1920—2013）	法国	
	贾克·莫诺（Jacques Monod，1910—1976）		发现蛋白质在转录作用中所扮演的调节角色

（续）

年代	获奖者	国籍	获奖原因
1966	裴顿·劳斯（Peyton Rous，1870—1970） 查尔斯·布兰顿·哈金斯（Charles Brenton Huggins，1901—1997）	美国	发现诱导肿瘤的病毒 发现用激素控制癌细胞扩散的疗法
1967	拉格纳·格拉尼特（Ragnar Granit，1900—1991） 霍尔登·凯弗·哈特兰（Haldan Keffer Hartline，1903—1983） 乔治·沃尔德（George Wald，1906—1997）	芬兰 美国 美国	在视网膜领域及视觉的神经生理学机制方面的研究
1968	罗伯特·W·霍利（Robert William Holley，1922—1993） 哈尔·葛宾·科拉纳（Har Gobind Khorana，1922—2011） 马歇尔·沃伦·尼伦伯格（Marshall Warren Nirenberg，1927—2010）	美国	破译遗传密码并阐释其在蛋白质合成中的作用
1969	马克斯·德尔布吕克（Max Delbrück，1906—1981） 阿弗雷德·赫尔希（Alfred Day Hershey，1908—1997） 萨尔瓦多·卢瑞亚（Salvador Edward Luria，1912—1991）	美国	发现病毒的复制机理和遗传结构
1970	朱利叶斯·阿克塞尔罗德（Julius Axelrod，1912—2004） 乌尔夫·冯·奥伊勒（Ulf Svante von Euler，1905—1983） 伯纳德·卡茨（Bernard Katz，1911—2003）	美国 瑞典 英国	鉴定一种抑制神经冲动的酶 噬菌体在分子生物学方面的研究 研究神经介质从神经末梢释放的机制
1971	埃鲁·威尔布尔·苏德兰（Earl Wilbur Sutherland, Jr.，1915—1974）	美国	发现激素的作用机理

年代	获奖者	国籍	获奖原因
1972	杰拉尔德·埃德尔曼（Gerald Maurice Edelman，1929—2014）	美国	关于免疫系统的研究
	罗德尼·罗伯特·波特（Rodney Robert Porter，1917—1985）	英国	发现抗体的化学结构
1973	卡尔·冯·弗利希（Karl Ritter von Frisch，1886—1982）	德国	动物个体和社会行为的构成及激发方面的研究
	康拉德·洛伦兹（Konrad Lorenz，1903—1989）	奥地利	
	尼可拉斯·丁伯根（Nikolaas Tinbergen，1907—1988）	荷兰	
1974	阿尔伯特·克劳德（Albert Claude，1899—1983）	比利时	细胞构造和功能组织方面的发现
	克里斯汀·德·迪夫（Christian René de Duve，1917—2013）	比利时	
	乔治·埃米尔·帕拉德（George Emil Palade，1912—2008）	美国	
1975	戴维·巴尔的摩（David Baltimore，1938 年出生）	美国	发现逆转录酶
	罗纳托·杜尔贝科（Renato Dulbecco，1914—2012）		发现肿瘤病毒与细胞遗传物质之间的相互作用
	霍华德·马丁·特明（Howard Martin Temin，1934—1994）		
1976	巴鲁克·塞缪尔·布隆伯格（Baruch Samuel Blumberg，1925—2011）	美国	发现乙肝病毒产生和传播机理
	丹尼尔·卡尔顿·盖杜谢克（Daniel Carleton Gajdusek，1923—2008）		对苦鲁病研究的贡献
1977	罗歇·吉耶曼（Roger Charles Louis Guillemin，1924 年出生）	美国	发现大脑分泌的多肽类激素
	安德鲁·沙利（Andrew V. Schally，1926 年出生）		
	罗莎琳·萨斯曼·耶洛（Rosalyn Sussman Yalow，1921—2011）		开发肽类激素的放射免疫分析法

（续）

年代	获奖者	国籍	获奖原因
1978	沃纳·阿尔伯（Werner Arber，1929年出生）	瑞士	发现限制性内切酶及其在分子遗传学方面的应用
	丹尼尔·那森斯（Daniel Nathans，1928—1999）	美国	
	汉弥尔顿·史密斯（Hamilton Othane Smith，1931年出生）	美国	
1979	阿兰·麦克莱德·科马克（Allan MacLeod Cormack，1924—1998）	美国	开发计算机辅助的断层扫描技术
	高弗雷·纽波达·豪斯费尔德（Godfrey Newbold Hounsfield，1919—2004）	英国	
1980	巴茹·贝纳塞拉夫（Baruj Benacerraf，1920—2011）	美国	发现调节免疫反应的细胞表面受体的遗传结构
	乔治·斯内尔（George Davis Snell，1903—1996）	美国	
	让·多塞（Jean Dausset，1916—2009）	法国	
1981	罗杰·斯佩里（Roger Sperry，1913—1994）	美国	证实大脑不对称性的"左右脑分工理论"
	大卫·休伯尔（David Hunter Hubel，1926—2013）	加拿大	发现视觉系统的信息加工过程
	托斯坦·维厄瑟尔（Torsten Nils Wiesel，1924年出生）	瑞典	
1982	苏恩·伯格斯特龙（Sune Karl Bergström，1916—2004）	瑞典	发现前列腺素及其相关的生物活性物质
	本格特·萨米尔松（Bengt Ingemar Samuelsson，1934年出生）	瑞典	
	约翰·范恩（John Robert Vane，1927—2004）	英国	
1983	巴巴拉·麦克林托克（Barbara McClintock，1902—1992）	美国	发现可移动的遗传基因（转座基因）

年代	获奖者	国籍	获奖原因
1984	尼尔斯·杰尼（Niels Kaj Jerne，1911—1994） 乔治斯·克勒（Georg Kohler，1946—1984） 塞萨尔·米尔斯坦（César Milstein，1927—2002）	丹麦 德国 英国	关于免疫系统的发育和控制特异性的理论，以及发现单克隆抗体产生的原理
1985	迈克尔·斯图亚特·布朗（Michael Stuart Brown，1941年出生） 约瑟夫·里欧纳德·戈尔茨坦（Joseph Leonard Goldstein，1940年出生）	美国	在胆固醇代谢调控方面的发现
1986	斯坦利·科恩（Stanley Cohen，1922—2020） 丽塔·列维-蒙塔尔奇尼（Rita Levi-Montalcini，1909—2012）	美国 意大利	发现神经生长因子和表皮生长因子
1987	利根川进（Susumu Tonegawa，1939年出生）	日本	发现抗体多样性产生的遗传学原理
1988	詹姆士·W·布拉克（James Whyte Black，1924—2010） 格特鲁德·B·埃利恩（Gertrude B. Elion，1918—1999） 乔治·希青斯（George Herbert Hitchings，1905—1998）	英国 美国 美国	治疗心绞痛的普萘洛尔（Propranolol）与合成甲氰咪胍（cimetidine） 发现药物治疗的重要原理
1989	迈克尔·毕晓普（J. Michael Bishop，1936年出生） 哈罗德·瓦慕斯（Harold Elliot Varmus，1939年出生）	美国	发现逆转录病毒致癌基因的细胞来源
1990	约瑟夫·默里（Joseph E. Murray，1919—2012） 唐纳尔·托马斯（Edward Donnall Thomas，1920—2012）	美国	发明应用于人类疾病治疗的器官和细胞移植术

（续）

年代	获奖者	国籍	获奖原因
1991	厄温·内尔（Erwin Neher，1944 年出生） 伯特·萨克曼（Bert Sakmann，1942 年出生）	德国	发明应用膜片钳技术及发现细胞膜存在离子通道
1992	埃德蒙·费希尔（Edmond H. Fischer，1920—2021） 埃德温·克雷布斯（Edwin Gerhard Krebs，1918—2009）	美国	发现可逆蛋白质磷酸化作用是一种生物调节机制
1993	理察·罗伯茨（Richard John Roberts，1943 年出生） 菲利普·夏普（Phillip Allen Sharp，1944 年出生）	英国 美国	发现分裂基因
1994	艾尔佛列·古曼·吉尔曼（Alfred Goodman Gilman，1941 年出生） 马丁·罗德贝尔（Martin Rodbell，1925—1998）	美国	发现 G 蛋白
1995	爱德华·路易斯（Edward B. Lewis，1918—2004） 克里斯汀·纽斯林-沃尔哈德（Christiane Nüsslein-Volhard，1942 年出生） 艾瑞克·威斯乔斯（Eric F. Wieschaus，1947 年出生）	美国 德国 美国	发现早期胚胎发育中的遗传调控机理
1996	彼得·杜赫提（Peter C. Doherty，1940 年出生） 罗夫·辛克纳吉（Rolf M. Zinkernagel，1944 年出生）	澳大利亚 瑞士	发现细胞介导的免疫防御特性
1997	史坦利·布鲁希纳（Stanley B. Prusiner，1942 年出生）	美国	发现朊病毒及其致病机理

年代	获奖者	国籍	获奖原因
1998	罗伯特·佛契哥特（Robert Francis Furchgott, 1916—2009） 路易斯·路伊格纳洛（Louis J. Ignarro, 1941 年出生） 费瑞·慕拉德（Ferid Murad, 1936 年出生）	美国	发现氧化氮是一种可在有机体传输信号的气体
1999	古特·布洛伯尔（Günter Blobel, 1936—2018）	美国	发现蛋白质具有内在信号以控制其在细胞内的传递和定位
2000	阿尔维德·卡尔森（Arvid Carlsson, 1923—2018） 保罗·格林加德（Paul Greengard, 1925—2019）	瑞典 美国	发现多巴胺及其他一些重要的神经递质
	埃里克·坎德尔（Eric Richard Kandel, 1929 年出生）	美国	对记忆储存的神经机制的研究
2001	利兰·哈特韦尔（Leland H. Hartwell, 1939 年出生） 蒂姆·亨特（Tim Hunt, 1943 年出生） 保罗·纳斯（Paul M. Nurse, 1949 年出生）	美国 英国 英国	发现细胞周期的关键分子调节机制
2002	悉尼·布伦纳（Sydney Brenner, 1927—2019） H·罗伯特·霍维茨（H. Robert Horvitz, 1947 年出生） 约翰·苏尔斯顿（John E. Sulston, 1942 年出生）	英国 美国 英国	发现器官发育和细胞程序性死亡的遗传调控机理
2003	保罗·劳特布尔（Paul Lauterbur, 1929—2007） 彼得·曼斯菲尔德（Peter Mansfield, 1933 年出生）	美国 英国	在核磁共振成像方面的发现

（续）

年代	获奖者	国籍	获奖原因
2004	理查德·阿克塞尔（Richard Axel，1946 年出生） 琳达·巴克（Linda B. Buck，1947 年出生）	美国	发现嗅觉受体和嗅觉系统的组织方式
2005	巴里·马歇尔（Barry J. Marshall，1951 年出生） 罗宾·沃伦（J. Robin Warren，1937 年出生）	澳大利亚	发现幽门螺杆菌及在胃炎和胃溃疡中所起的作用
2006	安德鲁·法厄（Andrew Z. Fire，1959 年出生） 克雷格·梅洛（Craig C. Mello，1960 年出生）	美国	发现 RNA 具有可以干扰基因的机制
2007	马里奥·卡佩奇（Mario R. Capecchi，1937 年出生）	美国	在利用胚胎干细胞引入特异性基因修饰原理上的发现
	马丁·埃文斯（Martin J. Evans，1941 年出生）	英国	
	奥利弗·史密斯（Oliver Smithies，1925 年出生）	美国	
2008	哈拉尔德·楚尔·豪森（Harald zur Hausen，1936 年出生）	德国	发现导致子宫颈癌的人乳头状瘤病毒（HPV）
	弗朗索瓦丝·巴尔-西诺西（Françoise Barré-Sinoussi，1947 年出生）	法国	发现人类免疫缺陷病毒（即艾滋病毒，HIV）
	吕克·蒙塔尼（Luc Montagnier，1932—2022）	法国	
2009	伊丽莎白·布莱克本（Elizabeth H. Blackburn，1948 年出生）	澳大利亚	发现端粒和端粒酶如何保护染色体
	卡罗尔·格雷德（Carol W. Greider，1961 年出生）	美国	
	杰克·绍斯塔克（Jack W. Szostak，1952 年出生）	英国	

年代	获奖者	国籍	获奖原因
2010	罗伯特·杰弗里·爱德华兹（Robert Geoffrey Edwards，1925—2013）	英国	研发体外授精技术
2011	布鲁斯·博伊特勒（Bruce A. Beutler，1957 年出生）	美国	对先天免疫机制激活的发现
	朱尔斯·霍夫曼（Jules A. Hoffmann，1941 年出生）	法国	
	拉尔夫·斯坦曼（Ralph M. Steinman，1943 年出生）	加拿大	发现树突细胞和其在获得性免疫中的作用
2012	约翰·伯特兰·格登（John Bertrand Gurdon，1933 年出生）	英国	在细胞核移植与克隆方面的研究
	山中伸弥（Shinya Yamanaka，1962 年出生）	日本	对体细胞重编程技术的研究
2013	詹姆斯·罗斯曼（James E. Rothman，1950 年出生）	美国	发现细胞囊泡运输与调节机制
	兰迪·谢克曼（Randy W. Schekman，1948 年出生）	美国	
	托马斯·苏德霍夫（Thomas C. Südhof，1955 年出生）	德国	
2014	约翰·奥基夫（John O'Keefe，1939 年出生）	美国	发现构成大脑定位系统的细胞
	梅·布莱特·莫索尔（May-Britt Moser，1963 年出生）	挪威	
	爱德华·莫索尔（Edvard I. Moser，1962 年出生）	挪威	
2015	威廉·C·坎贝尔（William C. Campbell，1930 年出生）	爱尔兰	发现阿维菌素（avermectin）及蛔虫寄生引发感染的新疗法
	大村智（Satoshi Ōmura，1935 年出生）	日本	
	屠呦呦（1930 年出生）	中国	创制青蒿素和双氢青蒿素

（续）

年代	获奖者	国籍	获奖原因
2016	大隅良典（Yoshinori Ohsumi，1945年出生）	日本	发现细胞自噬的机制
2017	杰弗里·霍尔（Jeffrey C. Hall，1945年出生） 迈克尔·罗斯巴什（Michael Morris Rosbash，1944年出生） 迈克尔·杨（Michael W. Young，1949年出生）	美国	发现控制昼夜节律（生物钟）的分子机制
2018	詹姆斯·艾利森（James P. Allison，1948年出生） 本庶佑（Tasuku Honjo，1942年出生）	美国 日本	发现负性免疫调节治疗癌症的方法
2019	威廉·凯林（William G. Kaelin Jr.，1957年出生） 彼得·拉特克利夫（Peter J. Ratcliffe，1945年出生） 格雷格·塞门扎（Gregg L. Semenza，1956年出生）	美国 英国 美国	发现细胞如何感知和适应氧气供应
2020	哈维·阿尔特（Harvey J. Alter，1935年出生） 迈克尔·霍顿（Michael Houghton，1949年出生） 查尔斯·赖斯（Charles M. Rice，1952年出生）	美国 英国 美国	发现丙型肝炎病毒
2021	大卫·朱利叶斯(David Julius，1955) 阿登·帕塔普蒂安(Ardem Patapoutian, 1967年出生)	美国	在感受温度和触觉方面的发现
2022	斯万特·佩博（Svante Pääbo，1955年出生）	瑞典	在灭绝的古人类基因组和人类进化方面的发现

诺贝尔生理学或医学奖自 1901 年开始颁发，每年评选和颁发一次，其中有 9 年因两次世界大战等原因而停发（1915—1918、1921、1925、1940—1942）。截至 2022 年，共颁发 113 次，共有 225 人获奖。其中，40 次由一人单独获得，34 次由两人共同获得，39 次由三人共同获得。

图书在版编目（CIP）数据

课本中的生物学家 / 魏宪辉编写 . — 北京：农村
读物出版社，2023.5
ISBN 978-7-5048-5789-7

Ⅰ . ①课… Ⅱ . ①魏… Ⅲ . ①生物学家 – 生平事迹 –
世界 – 青少年读物 Ⅳ . ① K816.15-49

中国版本图书馆 CIP 数据核字 (2018) 第 276778 号

课本中的生物学家
KEBEN ZHONG DE SHENGWUXUEJIA

农村读物出版社 出版
CHINA RURAL READING PRESS
中国农业出版社
地址：北京市朝阳区麦子店街 18 号楼
邮编：100125
策划编辑：马春辉　　责任编辑：马春辉　周益平
文字编辑：马春辉　李海锋
版式设计：王　晨　　责任校对：吴丽婷
印刷：北京中兴印刷有限公司
版次：2023 年 5 月第 1 版
印次：2023 年 5 月北京第 1 次印刷
发行：新华书店北京发行所
开本：700mm×1000mm　1/16
印张：12.25
字数：245 千字
定价：30.00 元